Collection folio junior

Aventure de groupe

L'Auberge du Sanglier Noir
ou
L'Hostellerie de l'épouvante

Pour 3 à 5 Héros
de Niveau 1 et 2

Titre original :
Im Wirtshaus zum Schwarzen Keiler

Michaël Hoffman

L'Auberge du Sanglier Noir

Traduit de l'allemand
par Rémi Laureillard

Illustrations de Bryan Talbot

Gallimard

Sommaire

Avant de pénétrer dans l'Auberge du Sanglier Noir

L'Auberge du Sanglier Noir est une aventure conçue pour un groupe ; elle est destinée au jeu d'aventure de l'Œil Noir. La partie se joue à plusieurs sous la direction d'un Maître de l'Œil Noir. Le nombre de joueurs idéal se situe entre 3 et 5. Pour vous lancer dans cette aventure, il faut impérativement posséder le coffret « Initiation au jeu d'aventure » et bien connaître le *Livre des Règles*. Ces préalables sont particulièrement nécessaires pour le Maître de l'Œil Noir, qui conduit le jeu et qui est le centre de chaque aventure. Celle-ci vous passionnera d'autant plus que vous en connaîtrez mieux les règles.
L'Auberge du Sanglier Noir vous permettra de bien vous initier au jeu. C'est une aventure conçue pour des débutants qui n'ont pas encore une grande connaissance du royaume d'Aventurie : joueurs débutants, qui choisissent leur héros pour vivre de palpitantes aventures, ou Maîtres débutants, à qui revient la direction du jeu. Aussi a-t-on renoncé, pour la clarté, à alourdir cette aventure de toutes les informations contenues dans le *Livre des Règles*. Nous avons évité tout recours à la magie et aux sortilèges ; nous avons donc exclu les Magiciens et les Elfes qui disposent des formules magiques. Seuls ont été admis les Aventuriers et les Guerriers du premier

Niveau. Cependant, vous rencontrerez au cours de l'action quelques accessoires de magie.
Le « joueur » n'a pas besoin d'en lire davantage. Ce livre est réservé au Maître qui donnera en temps utile les informations aux joueurs. Les cartes insérées au milieu du livre ne doivent pas être communiquées aux joueurs dans un premier temps. En effet, si vous connaissiez par avance les lieux et tous les éléments d'une aventure, c'est comme si vous commenciez par la fin d'un film à suspense ! Vous vous priveriez de ce qui fait tout l'attrait d'un jeu de rôles : explorer une contrée inconnue et y vivre des aventures passionnantes...

Prologue pour le Maître de l'Œil Noir

1. Comme il est dit dans le *Livre des Aventures*, le Maître de l'Œil Noir est responsable de la conduite du jeu. Ce jeu se déroule d'habitude de la façon suivante : le Maître de l'Œil Noir présente aux joueurs (au nombre de 3 à 5) une aventure qu'il a imaginée ou qui est prête à jouer, comme celle de l'*Auberge du Sanglier Noir*. Mais il n'en communique pas les données détaillées au groupe. Puis tous procèdent aux nécessaires préparatifs du jeu. On s'assied autour d'une table, chaque joueur jette le dé pour décider de son rôle, à moins qu'il ne conserve celui d'une aventure antérieure. Si c'est le cas, le Maître doit veiller à ce que le niveau d'expérience du héros corresponde à celui qui convient à cette aventure. Une aventure trop facile n'offrirait pas une épreuve suffisante au héros d'un niveau supérieur. A l'inverse, il ne serait pas intéressant de jeter un novice dans un dangereux cachot, alors qu'il ne pourra ni affronter les monstres ni trouver une issue. Les *valeurs* des héros désignées par les dés, leur équipement, leur habillement et leurs armes seront notés sur les *Feuilles de Personnages*.

Une fois les préparatifs terminés, le Maître introduit les joueurs dans l'aventure en leur racontant ou en leur lisant une histoire qui servira de cadre et de décor.
Exemple : une princesse a été enlevée ; il s'agit de la retrouver et de la libérer. Il faut explorer un système de souterrains, découvrir une ville ensevelie sous la jungle, ou encore partir à la recherche d'objets précis dans une maison hantée... L'imagination se développe librement.
Au cours d'une aventure, bien des tâches incombent au Maître. On peut le considérer avant tout comme le meneur de jeu car c'est lui qui donne aux héros la description de l'environnement immédiat dans lequel ils se trouvent.
Par exemple : « Par cette porte vous accédez à une salle de 4 x 4 m. Elle semble complètement vide, mais soudain vous entendez un cliquetis de chaînes... » Une grande partie du jeu est alimentée par les questions des joueurs qui vous sont posées, à vous le Maître, et auxquelles vous devez répondre sans donner trop de détails. Pour vous aider, les descriptions des lieux ont été réparties dans cette aventure en *Informations générales, Informations particulières* et *Informations réservées au Maître.* Sous le titre *Informations générales* sont regroupés des éléments et des données qui sont d'emblée visibles aux héros ; les *Informations particulières* rassemblent des éléments que les héros ne remarquent qu'au bout d'un certain temps ; les *Informations réservées au Maître* fournissent au Maître des renseignements fondamentaux dont les joueurs ne doivent pas disposer, mais dont le Maître a besoin pour conduire le jeu.
La deuxième mission essentielle du Maître est celle

d'arbitre. Souvent s'élèvent des différends entre les héros-joueurs. C'est au Maître que revient la tâche de régler ces différends et de veiller au déroulement harmonieux de l'action. L'arbitre ne doit pas se dérober aux objections justifiées des joueurs mais ses décisions sont irrévocables. Il n'existe pas de recette toute faite qui fixerait le meilleur comportement du Maître, mais il doit cependant respecter les règles suivantes :

– Agir toujours avec équité et loyauté dans l'application des règles, et veiller à ce que les joueurs se passionnent pour l'aventure.

– Garder ses distances et n'influencer les actions des joueurs que lorsque c'est absolument indispensable (par exemple orienter les joueurs dans une certaine direction).

– Ne jamais se comporter en adversaire du joueur, mais toujours répondre avec la plus grande précision aux questions posées : c'est le Maître qui dirige les monstres et toutes les créatures autres que les héros.

2. *L'Auberge du Sanglier Noir* est une aventure qui met en scène une poignée de prisonniers qui doivent s'échapper de la cave de l'auberge à travers un réseau souterrain de couloirs et de salles pour retrouver la lumière du jour. Tout se joue sur un seul plan qui comporte différents secteurs, entre autres une mine et un système de cavernes reliées entre elles. Il importe que le Maître, au début de l'aventure, se montre discret, car les héros — en dehors des quelques informations recueillies au hasard dans l'auberge — ignorent tout du lieu où ils se trouvent et de la direction à prendre. D'autant plus qu'ils sont plongés dans l'obscurité totale au début de l'aventure. Les joueurs entament donc cette aventure avec

des connaissances très limitées, et le jeu prendra la forme d'une quête de renseignements qui finiront par conduire les héros hors des salles et des cavernes souterraines jusqu'à la lumière du jour.

Dans cette entreprise, le temps est un facteur essentiel. Etant donné la situation, on admettra que les Mercenaires du Comte découvrent très vite, au plus tard au petit matin, la fuite des héros : ceux-ci ne disposent donc que de quelques heures pour regagner l'air libre et s'enfuir. Le Maître doit donc bien faire comprendre aux joueurs que traîner en route ou jouer trop prudemment les perdrait. Peut-être imposera-t-il un temps limite pour mener à bien l'aventure. Il le mesurera en temps réel ou en nombre de tours de jeu (par exemple : 36).

Dans la mine et le réseau de cavernes, tout est à redouter, et il y va sans cesse de la vie des héros. Mais les joueurs ne doivent pas oublier qu'on avance souvent mieux par la réflexion que par la force. S'ils s'en tiennent à ce principe, ils mériteront de gagner la partie.

3. Avant le début du jeu, il est absolument indispensable pour le Maître de lire toute cette aventure pour se familiariser avec les lieux, les êtres, les pièges et les objets qui y apparaissent ou qui y sont dissimulés. Les trois cartes sont ici de la plus haute importance. Sur la première figure le plan de la mine et du réseau de cavernes, sur les deux autres celui de la tour et de l'auberge.

L'aventure est prévue pour 4 héros. S'il y a plus ou moins de joueurs, le Maître peut adapter le jeu en augmentant ou diminuant le nombre de monstres. Si le nombre de joueurs est insuffisant, il est également possible de faire jouer plusieurs rôles à 1 ou 2 joueurs, ou bien tout simplement de leur faire trouver dans la mine un ou plusieurs alliés. En tout cas, le Maître doit savoir que les caractéristiques des monstres dans cette aventure ne sont pas impératives et qu'il peut les modifier à son gré, si cela convient mieux à son groupe. Il a aussi toute latitude, si l'aventure lui semble trop difficile, de donner des détails supplémentaires à ses héros ou, s'il la trouve trop facile, d'imaginer de nouveaux pièges.
Dès que les héros, qui auront survécu à cette aventure, seront parvenus à sortir des cavernes, nous admettrons qu'ils seront définitivement à l'abri des atteintes de l'implacable comte Baldur. Ainsi se termine le jeu ; le Maître distribue alors aux héros les POINTS D'AVENTURE qui sont notés dans les descriptions de lieux. On ajoutera encore les points gagnés pour chaque monstre vaincu et on distribuera les trésors éventuellement trouvés.

Quand tous les préparatifs des joueurs et du Maître sont terminés (désignation des héros, mais aussi choix d'un cartographe qui dessinera, au fur et à mesure de leur découverte, les couloirs et les salles), le Maître lira aux joueurs l'histoire qui suit.

Prologue à lire aux joueurs

Peu à peu le disque rouge du soleil s'enfonce à l'horizon, et un crépuscule bleuâtre enveloppe la campagne. Bientôt tombera la nuit, mettant un terme à votre exténuante chevauchée. Au cours de cette longue journée, vous avez parcouru bien du chemin sur vos chevaux et vos mulets. Vous avez presque atteint votre but : le bourg de Rochetaillade, au pied des Monts Kosch. Vous traversez déjà les champs fertiles et les pâturages qui précèdent le village, et vous atteignez les premières chaumières de paysans. Vous découvrez, non loin de là, les pignons à colombages de Rochetaillade. Tout en pénétrant dans le village, vous vous remémorez le commencement de votre grande aventure.

Dans votre pays, non loin du port de Havéna, bien des événements se déroulaient, mais vous n'en receviez que de lointains échos. Votre existence de chaque jour était plutôt ennuyeuse. La plupart d'entre vous, fils et filles de paysans et d'artisans, travaillaient dur du matin au soir. Triste destinée, mais l'oisiveté à laquelle s'adonnaient les autres n'était guère préférable. Toujours les mêmes visages trop connus, les mêmes plaisanteries stupides ! Or, des jeunes comme vous aspirent à vivre, à découvrir des pays et des hommes étrangers et à affronter l'inconnu. Aussi la proposition du vieux Karolus, marchand de drap de bon renom, était-elle tombée à pic. Il s'était adressé à vous pour vous demander si vous pouviez l'accompagner dans son voyage vers l'orient. Peu auparavant, il avait dû renvoyer plusieurs employés et il manquait de main-d'œuvre. Il lui fallait quelques jeunes gens capables de mettre la main à la pâte.

On devait traverser les Monts Kosch et atteindre Angbar, où il comptait acheter du drap et de la soie à la grande foire annuelle. Vos parents avaient, non sans hésitation, donné leur accord. Vous aviez réussi à les persuader qu'il était bien temps pour chacun d'entre vous de voir un peu le monde et de jeter sa gourme. La perspective d'un voyage de plusieurs semaines et des aventures qui vous y attendaient vous avait mis dans un état de grande excitation. Après deux jours de préparatifs, vous voilà partis : le vieux Karolus, sa fille Jasmine, énergique et résolue, et votre groupe de jeunes gens aventureux. Votre petite caravane s'avançait sur des chevaux et des mulets. Vous avez traversé, sur des chemins étroits, de grasses prairies et des forêts touffues, des marécages et des champs de pierres. Au bout de quelques jours, votre excitation était retombée pour faire place au désappointement d'un pénible voyage. Vous venez d'atteindre Rochetaillade. Demain, il faudra monter sur les Monts Kosch ou gagner la passe de la Taille ; ensuite viendra la descente vers Angbar. Mais vous allez passer la nuit au village. Le compère Karolus avait précisé le lieu : le *Sanglier Noir* était tout indiqué. C'est une auberge située un peu en dehors de Rochetaillade, et dont le marchand de tissu connaît bien le tenancier. Celui-ci se nomme Zacharias et sa taverne comporte quelques chambres d'hôtes.

Vous chevauchez donc par les ruelles crasseuses de Rochetaillade et vous dépassez les quelques badauds, les volatiles caquetants et les dernières maisons du village. Voilà que surgit à la droite du chemin la grande auberge à deux étages. A travers les vitres, vous apercevez déjà les lampes allumées, mais l'enseigne de l'auberge suspendue à une barre au-dessus de vous est encore distincte dans le crépuscule : c'est un sanglier en fer forgé. L'auberge s'adosse à une colline abrupte ; à l'arrière-plan, le sommet d'une tour se détache sur le ciel crépusculaire.
Vous mettez pied à terre, rompus de fatigue. Le compère Karolus entre seul dans la taverne. Il revient un moment plus tard, accompagné d'un valet qui mène à l'écurie vos montures et leurs charges. Vous entrez à votre tour, vous saluez l'aubergiste et dame Zelda, son épouse. Ils vous montrent vos chambres au premier étage. Vous vous y installez et, après avoir pris un moment de repos, vous redescendez dans la salle où vous vous asseyez à une table pour vous rassasier et boire une chope de vin.

Il est temps pour les joueurs de lancer les dés pour l'attribution des héros. Dirigez-les et veillez à ce que les *valeurs* des héros soient notées sur les *Feuilles de Personnages.* Celui qui ne veut pas prendre la peine de lancer le dé à 20 faces (D20), peut choisir son héros sur le tableau des vingt héros pages 102 à 107.

Entre-temps la nuit est tout à fait tombée et la taverne s'est emplie de clients : ce sont de bruyants buveurs venus du village, mais aussi des voyageurs mieux vêtus, désireux de franchir le col ou qui reviennent d'Angbar. Vous mangez un fricot savoureux et vous passez la soirée à lamper quelques verres. Le compère Karolus vous explique la suite du voyage ; Jasmine semble fatiguée et elle contemple la salle avec ennui. Elle n'est pas gagnée par l'exubérance des buveurs. De temps en temps éclatent de gros rires, ou bien le sonore *vivat* d'une tablée qui salue l'arrivée de la serveuse chargée de verres de vin ou de chopes de bière.

Mais les hôtes ne sont pas tous joyeux. Plusieurs boivent sans entrain en marmonnant à mi-voix. Pourtant, on parle haut aux tables voisines. Machinalement, vous écoutez et vous saisissez des bribes de phrases :

— C'est le pire qui pouvait arriver.

— Ne parle pas si fort, compère !

— Je ne peux imaginer que lui... et le Duché de Kosch attaque... en fin de compte... le puissant Comte voisin.

— Si je pouvais, ce tyran, j'en ferais...
— Il a, paraît-il, fait pendre à Pré-Fauchard trois prétendus espions.
— Ne médis pas de notre seigneur, il est...
— Le comte Baldur est déjà en guerre avec deux de ses voisins...
— ...pourtant plus très normal. Sa rapacité nous vaudra à tous...
Ces déclarations des villageois vous intriguent. Vous avez déjà surpris en chemin maints propos concernant le comte Baldur et plus vous approchiez de Rochetaillade, plus les propos s'envenimaient. Il semble passer pour un ambitieux forcené qui a hérité de son oncle, l'ancien châtelain de Rochetaillade, la souveraineté sur toute la province et qui ne rêve que d'étendre son emprise. On murmure qu'il en a contre les nobles du Duché de Kosch.

Mais qu'importe ! Ce sont là les problèmes des habitants du lieu. Peu vous chaut, demain matin vous serez loin ! Ne vous cassez pas la tête : commandez plutôt à Jeannette une tournée de vin.
Deux heures plus tard, juste au moment où vous allez vous lever de table et gagner vos chambres, soudain la porte s'ouvre à grand fracas et un gentilhomme à la mine sinistre entre, accompagné d'un capitaine de la Garde équipé d'une cotte de mailles et d'une épée. Derrière eux, vous apercevez par la porte ouverte les heaumes et les pointes des lances de nombreux hommes d'armes.

Zacharias, l'hôtelier, se prosterne humblement devant le gentilhomme à la moustache tombante. La plupart des assistants sursautent et se jettent à terre en s'écriant :

Grotho, Garax, Grotho,
Baldur, comte Greifax,

Puis ils se relèvent. Le gentilhomme promène alentour un regard ennuyé. Soudain ses yeux s'assombrissent.

— Et vous, gronde-t-il. Me saluerez-vous comme il se doit ?

Là, le Maître doit demander aux joueurs comment se comporteraient leurs héros. Pour éviter de se distinguer de la majorité des buveurs, il leur faut faire comme eux, c'est-à-dire se jeter à terre et réciter exactement la formule de salutation. Sinon ils se feront remarquer et s'attireront le courroux de l'irritable comte Greifax, scène qui va naturellement dans le sens du jeu.

Si les joueurs ne se comportent pas au gré du Comte, s'ils refusent de se prosterner ou ne peuvent réciter exactement la formule rituelle, la question est alors entendue. Si quelques-uns d'entre eux prétendent se rappeler les mots, en dépit de l'effet de surprise et de la relative difficulté de les retenir par cœur (car le Maître les a lus une seule fois et sans doute à dessein rapidement et indistinctement) le Maître les soumet à une épreuve. Il enjoint à chacun d'écrire la formule, sans consulter son voisin. Si — cas très improbable — tous inscrivent exactement les mots sur leur papier, le Maître a recours à quelque subterfuge. Il trouve toujours une échappatoire. Par exemple : « Il vous a fallu trop de temps ». Ou bien : « Comment ! vous prononcez de travers la formule sacrée ! ». Une seule chose importe : que les joueurs n'y coupent pas et s'exposent à la rage du violent comte Greifax.

— Saisissez-vous de ces traîtres ! rugit le Comte. Je suis entouré d'espions. Tous en veulent à ma vie. Ils guettent l'occasion de m'assassiner lâchement.

Vous avez beau protester de votre innocence, assurer que vous n'êtes pas de Rochetaillade et que vous ignorez les coutumes et les mœurs du pays, Baldur Greifax n'en a cure. Aucun secours à attendre des autres clients de la taverne. Ils se taisent, interdits. Il semble presque qu'ils se réjouissent de voir la colère du Comte s'abattre sur vous et non sur eux. Seul le visage de Jeannette trahit un soupçon de vraie sympathie.

Dès lors, les événements se précipitent. Une douzaine de Gardes vous saisissent, vous désarment et vous dépouillent de tout objet de valeur. Vous voici liés et entassés dans un coin.

— Eloignez cette canaille de ma vue ! crie Greifax.

Je ne puis supporter plus longtemps la présence de tels gredins. Demain matin, nous les jugerons.
Des mains vous empoignent rudement et vous précipitent au bas de l'escalier de la cave. L'hôtelier vous a précédés avec un lumignon, et il a ouvert la porte.
— Voici ma cave à vin, dit Zacharias, vous pouvez les y laisser provisoirement.
On vous jette, ligotés, dans un coin de la cave chichement éclairée. Un instant après, la porte s'ouvre à nouveau et deux habitants du village, que vous aviez vus boire dans la taverne, sont amenés, ligotés comme vous.
— Nous n'avons pas ri de sa plaisanterie, explique l'un d'eux, penaud.
Entre-temps, vous avez inspecté les lieux. Contre le mur nord, sur des tréteaux, vous distinguez trois tonneaux. Ils ont au moins la taille d'un homme et contiennent plusieurs centaines de litres. Contre le mur ouest et le mur est se dressent deux tonneaux plus petits. Le long du mur ouest court un rayonnage chargé de cruches et de récipients variés.
Les heures s'écoulent lentement. La vive inquiétude que vous éprouvez ébranle vos nerfs et mine vos forces. La conversation des deux inconnus ne vous apprend pas grand-chose, toutefois vous en retenez quelques informations :

> Le Maître tire au dé trois de ces informations qu'il confiera aux héros. Lui-même n'ignore pas que ces on-dit ne sont pas tous véridiques. En fait, seuls sont exacts les 1, 4, 6, et 8.

1. Baldur Greifax est fou. Il fait pendre tous ceux qui ne le saluent pas selon les règles.

2. Tout étranger est considéré avec méfiance à Rochetaillade.
3. L'hôtelier est l'ennemi du Comte.
4. Jadis, il a existé une mine aux environs de Rochetaillade.
5. C'est ainsi que le Comte recrute des *volontaires* pour constituer l'armée de Mercenaires qu'il lancera contre le Duché de Kosck.
6. La colline derrière le *Sanglier Noir* est creusée de cavernes.
7. Le Comte est avide d'argent, car l'entretien de ses troupes lui coûte des sommes folles.
8. Récemment, on a constaté la disparition de quelques hommes des environs et même de toute une troupe de Nains.
9. L'incident n'est qu'une des cruelles plaisanteries du Comte qui adore ce genre de distractions.
10. La région de Rochetaillade est infestée de bêtes cruelles qui séjournent dans les grottes et les cavernes obscures.

L'aube approche. De bruyants cris d'allégresse éclatent dans la salle. C'est le Comte et ses sbires qui s'amusent. La torche fixée au mur s'éteint peu à peu. Vous voici plongés dans de profondes ténèbres. Soudain, la porte s'ouvre. Jeannette entre, portant une grande cruche et une lanterne. Elle est suivie d'un Mercenaire qui délie les deux derniers venus et les pousse vers la porte.
— Ces gaillards ont encore eu de la veine ! dit-il en s'éloignant, mais vous autres vous y passerez, dès demain matin !
Jeannette s'approche du petit tonneau à l'ouest pour emplir sa cruche. Ce faisant, comme par mégarde,

elle laisse tomber de sa poche un couteau et chuchote :
— Traversez le gros tonneau du milieu.
L'un de vous saisit le couteau de ses mains garrottées et coupe les liens de son voisin. Quelques secondes après, vous êtes tous libres. Vous fouillez rapidement vos poches pour savoir ce qui vous reste d'utilisable.

A ce moment le Maître dit aux joueurs de compléter leur *Feuille de Personnage*. Il faut y inscrire les protections et les armes, éventuellement les objets dont chacun dispose. Au cas où les valeurs des héros ont été désignées par les dés, la valeur de Protection d'un joueur ne doit pas dépasser 2, donc l'armure consiste, tout au plus, en une cotte matelassée. Il s'y ajoute au maximum un poignard et le couteau donné par Jeannette. L'un des héros peut posséder une pierre, un briquet et de l'amadou. Le Maître ne doit donc admettre qu'une seule cotte matelassée (les autres portent une simple tunique), un poignard, un seul couteau et un seul briquet. Tout autre objet ou toute autre arme ont été confisqués lors de la fouille. Au cas où les joueurs choisissent, soit à leur gré, soit au hasard des dés, un héros du tableau pages 102 à 107, on adoptera les valeurs qui y sont portées.

Vous n'avez pas le choix. Vous vous avancez vers le tonneau du milieu, l'un de vous secoue énergiquement le couvercle. Celui-ci cède soudain et, à votre vive surprise, vous pouvez le repousser à l'intérieur, sans difficulté. Le premier d'entre vous pénètre dans le tonneau et se glisse à tâtons jusqu'au fond. Le fond est également mobile et se replie à l'intérieur. Vous êtes dans l'obscurité, et incapables de reculer. Jeannette ferme alors derrière vous le fond et le couvercle du tonneau. Il fait nuit noire, mais la crainte du funeste destin qui vous attend à l'aube vous pousse en avant.

Début de l'aventure

Description des lieux

Information essentielle pour le Maître

Au début de l'aventure, l'obscurité est totale. Tant que les héros n'ont pas découvert les flambeaux dissimulés dans la salle n° 1, le Maître doit décrire tous les lieux, murs et objets qu'on peut découvrir à tâtons. Il ne dit pas par exemple : « Vous trouverez une fourche », mais « vous rencontrez un bâton d'environ 1 m de long, dont le bout est fiché dans un lourd morceau de fer terminé par deux pointes. »

Couloir 1a

Informations générales

Le couloir a 2 m de large, 2 m de haut, 12 m de long et il s'enfonce en direction nord-sud (mais les joueurs ne disposeront de ces renseignements qu'une fois qu'ils se seront procuré de la lumière. C'est alors seulement qu'un croquis pourra en être dessiné). Au bout de 4 m on découvre, à l'ouest, un passage large de 3 m. Au nord, le couloir se heurte à une paroi de madriers. Devant, un trou (1b) s'ouvre dans le sol. Une partie du couloir s'est effondrée sur les 3 derniers mètres.

Informations particulières
Le couloir sent le moisi et l'air confiné. Sols et murs sont marbrés de moisissures en divers endroits. A chaque pas on risque de glisser. (Le Maître lance un dé pour chaque joueur. Celui qui obtient le 1, fait une chute, laquelle ne lui coûte cependant aucun POINT DE VIE).

Salle n° 1 : Ancienne salle de garde

Informations générales
La pièce forme un carré de 6 m de côté sur 2,50 m de haut. Les informations sont obtenues par les joueurs seulement quand ils peuvent y voir clair. Il est cependant possible de déterminer à tâtons les dimensions approximatives de la pièce.

Informations particulières
La pièce est bourrée de vieilleries et de matériaux de construction. Contre le mur ouest, sont entassées quelques planches de 3 à 4 m de long. Au milieu du mur sud, se dresse une armoire de 2 m sur 2, fermée à clé. A gauche, un placard étroit est également verrouillé. Au milieu de la salle, une table renversée et deux chaises cassées forment un obstacle gênant. Contre le mur nord s'appuie un coffre fermé à clé.

Informations réservées au Maître
L'armoire du mur sud contient une veste de cuir de taille standard, une épée rouillée (1 D + 4, facteur de Rupture : 6 avec 2 dés à 6 faces) et un fil à plomb au bout d'une ficelle de 4 m. Sur l'armoire, il y a un bouclier rond en bois. Le placard renferme une pioche, deux douzaines de grands clous de charpentier, un marteau, une petite scie à main

et un ciseau. La pioche et le ciseau peuvent au besoin servir d'armes (pioche 1D + 4, AT – 3, PRD – 2, ciseau 1D + 2) armoire et placard sont verrouillés, mais leurs serrures cèdent à une pression énergique.
En revanche le coffre du mur nord est en chêne et ne peut être ouvert qu'au moyen d'un outil. Il contient seize torches de poix, des pierres à briquet et de l'amadou.
A l'angle nord-ouest de la salle, caché derrière un tabouret renversé, vous pourrez trouver un levier de 70 cm. Si on l'abaisse, une corde glissant sur une poulie fait glisser le verrou qui fermait la porte en madriers conduisant au couloir 1b.
Il suffirait, pour traverser la fosse (couloir 1b), de prendre dans la pièce une planche assez longue. A l'angle nord-ouest, à côté des planches, se trouve un rouleau de corde râpée (15 m, à chaque utilisation, lancez 1 dé, elle se rompt si vous faites 1 avec le D6).

Important
Quand les héros palpent les objets, le Maître ne doit pas leur en révéler la nature. Il leur suffira de quelques indications vagues pour deviner de quoi il s'agit. On ne procédera à une exploration d'ensemble que quand les héros ouvriront le coffre et trouveront les torches. Mais il leur faut pour cela des outils, par exemple ceux du placard.
Le Maître devra se rappeler que cette pièce peut procurer aux héros un minimum d'équipement et des armes provisoires. Ces objets sont indispensables à la poursuite de l'aventure, tant que les héros n'ont pas trouvé le matériel d'équipement approprié. Si les armes ou les objets trouvés ne revien-

nent pas clairement à un des joueurs, leur possesseur sera désigné par les dés.
Le Maître devra en outre aider les débutants en leur indiquant ce qu'ils peuvent au besoin utiliser comme arme, par exemple des pieds de chaise cassée.

Couloir 1b

Informations générales
Au bout de 9 m, le sol affaissé laisse apparaître un trou béant de 3 m de diamètre. A une largeur de main au-delà de cette fosse, un épais mur de madriers ferme le couloir. (Les héros ne sont informés de ces détails qu'après avoir franchi la salle n° 1 et s'y être procuré une lumière.)

Informations particulières
(Les joueurs n'en disposeront que quand la lumière leur permettra d'y voir un peu et de juger de la situation.) Le mur de madriers ne cède pas à la pression. Les héros peuvent toujours tenter de l'enfoncer à l'aide d'une longue planche sans traverser la fosse, ou de traverser la fosse par un moyen quelconque : leurs efforts seront vains.

Informations réservées au Maître
Si les héros s'approchent inconsidérément de la fosse (la prudence exige de s'avancer à quatre pattes), celui qui marche en tête tombe dans le trou (déduire 3 POINTS DE VIE). Le plus simple, serait de traverser la fosse au moyen d'une planche suffisamment longue prise dans la salle n° 1 ; on peut également imaginer d'autres possibilités (mettre l'armoire dans la fosse, descendre au fond). Le

mur de madriers, de l'autre côté de la fosse, est en réalité une porte secrète. On ne peut l'ouvrir qu'au moyen du levier situé à l'angle nord-ouest de la salle n° 1.

Couloir 2a :

Informations générales
Derrière la porte en madriers s'enfonce un couloir orienté ouest-est. Il a 2 m de large et à peine autant en hauteur. L'air y est étouffant et confiné. Le couloir n'a pas de source de lumière.

Informations particulières
Le couloir présente un aspect vétuste. A une distance de 2 m, on aperçoit des étais reliés deux à deux par une poutre. En direction de l'ouest, quelques unes des poutres sont cassées et barrent le couloir. En maints endroits se sont accumulés des éboulis et de la terre. Au bout de 14 m, le couloir en est complètement obstrué. Du côté est, le couloir est plus rassurant. Au bout de 20 m, il débouche sur un deuxième couloir orienté nord-sud. Toutefois, la branche nord est barrée par deux poutres clouées en X et la partie sud tourne vers l'est au bout de 2 m.

Informations réservées au Maître
Ce couloir fait partie d'une section de mine abandonnée depuis des décennies. Sa partie ouest est dangereusement menacée d'éboulement. Pour chaque héros qui se risque dans le couloir, le Maître lance un D6 : s'il tombe sur un 5, des pierres et de la terre se détachent des parois, 6 annonce l'écroulement d'une poutre et occasionne 3 Points d'Impact au héros concerné.

A l'ouest, là où le couloir est obstrué, les héros, en fouillant méthodiquement sous l'éboulis, découvrent le squelette d'un Guerrier, dont la cotte de mailles, le bouclier et la hache de guerre (ID + 4) sont bien conservés. Sinon, nul objet de valeur. La barricade de poutres qui ferme à l'ouest la branche nord ne peut être franchie aisément. Il faudrait à quatre hommes au moins 5 tours de jeu pour y parvenir.

Couloir 2b

Informations générales
Le couloir avance en direction de l'est. Il a 2 m de large et au moins autant de hauteur. Sol et murs y sont relativement humides, mais l'air y paraît plus frais que dans le couloir 2a. Le couloir est tout aussi dépourvu de lumière.

Informations particulières
Au contraire du couloir 2a, cette galerie donne une impression de sécurité. Etais et poutres sont disposés tous les 4 m. La vue, dans un couloir sans lumière comme celui-ci, ne porte pas à plus de 10 m, si les héros disposent de torches ou de lampes à huile. A 18 m de l'extrémité ouest, ce couloir croise une autre galerie, qui va du nord au sud et a les mêmes dimensions que votre couloir. L'accès à la partie nord est obstrué par quelques rochers amoncelés sur une hauteur de 1,50 m. La partie sud, en revanche, est d'accès aisé. A 20 m du croisement, un escalier conduit au sud vers une issue à un niveau inférieur. Plus loin vers l'est, le couloir débouche au bout de 8 m sur un corridor principal large de 4 m et haut de 3 m, faiblement éclairé par des flambeaux.

Informations réservées au Maître

Ce couloir est lui aussi inutilisé depuis longtemps, ce qui ne signifie pas qu'il soit totalement abandonné par les habitants de la mine. Car, en somme, aucun éboulement, ne menace, et deux salles creusées dans le roc le long de cette galerie témoignent de l'activité considérable qui régna jadis ici. Visiblement, ces avancées vers le sud n'ont pas eu le succès espéré, et on a dû renoncer à extraire le minerai. L'accumulation des pierres qui obstruent le couloir, en direction du nord au croisement, n'est pas insurmontable puisqu'elle laisse 50 cm au-dessous du plafond. Si les héros glissent un regard vers le nord, au-dessus des éboulis, ils apercevront une faible lueur. Ils en apercevront également une, s'ils regardent vers le sud du haut de l'escalier.

Salle n° 2 : Galerie désaffectée

Informations générales

Un couloir long de 2 m, large de 2 m et haut de plus de 2 m s'élargit pour former une salle très humide de 6 m sur 8, haute de 3,50 m. La pièce est complètement obscure. Si on l'éclaire avec un flambeau ou une lampe à huile, on découvre que la plus grande partie du sol est inondée.

Informations particulières

Deux bons tiers de la surface, essentiellement la partie ouest, sont sous l'eau. Seule la partie est comporte un passage dégagé de 2 m de large conduisant à l'extrémité arrière sud de la galerie. Il s'y trouve, à 2 m de hauteur, une corniche d'environ 50 cm de large, façonnée dans l'argile de la paroi qui s'étend sur toute la largeur de la salle (6 m). A l'angle sud-est de la salle on aperçoit contre le sol plusieurs trous dans le mur. A peu près au milieu du mur ouest, une fissure s'ouvre dans le plafond, d'où l'eau s'écoule sans discontinuer.

Informations réservées au Maître

Si les héros s'avancent de 3 m vers le mur sud ou traversent en pataugeant la flaque profonde de 50 cm, ils font surgir de leurs trous, de l'angle sud-est de la pièce, 2 à 12 Rats (lancer 2 D). Ces Rats ont les valeurs suivantes : CO 10, EV 3, PR 0, PI 2, CM 2, AT 5, PRD 0. Ils combattent à mort. Les combats contre les Rats comportent des règles spéciales. (Voir le chapitre *Nouveaux Monstres.*)

Sur l'étroite corniche du mur sud, une vieille lance a été oubliée (1D + 3), invisible d'en bas, étant tout contre le mur. Si un héros parvient à monter jusqu'à la corniche, il a 50 % de chances (si on fait de 1 à 3 avec 1D) de glisser sur la glaise humide et tomber dans la flaque. (Enlever 1 point de son EV).

Au fond de la flaque se trouve, à 50 cm de profondeur, un bouclier de bois garni de fer, complètement imbibé d'eau. Il est très sale et gluant, mais peut fournir une protection convenable si on le nettoie bien. En dehors de ce bouclier la salle ne comporte aucun objet valable.

Salle n° 3 : Galerie en exploitation des Nains

Informations générales

C'est une grande salle claire qui mesure 8 m d'est en ouest, et 10 m du nord au sud. Dans l'angle nord-ouest et dans le mur sud sont pratiquées des excavations, respectivement de 4 m sur 2 et de 2 m sur 2. Le mur opposé à l'entrée est de forme irrégulière. Un regard suffit pour reconnaître qu'on a travaillé dur à cet endroit. La salle a environ 3,50 m de haut.

Informations particulières

Le sol de cette salle s'enfonce à peu près à 50 cm au-dessous du niveau du couloir qui y conduit. A partir de l'entrée, un chemin de planches, large de 2 m, mène tout droit jusqu'à 2 m du mur ouest de la pièce. Sur ce chemin de planches on voit deux wagonnets de bois, d'environ 1 m de long, pourvus de petites roues de bois archaïques. La plate-forme rectangulaire d'un des wagonnets est à demi remplie de gravats. Aux murs brûlent partout des flambeaux de poix plantés dans des supports de fer. Dans la niche du côté sud brûle un feu au-dessous d'un trou d'évacuation pratiqué dans le plafond. C'est là que travaillent jour et nuit trois Nains. Ils détachent la roche de la paroi à la pioche et au marteau, morcellent les blocs et les chargent dans les wagonnets.

Informations réservées au Maître

Cette salle est une galerie où les Nains exploitent le minerai argentifère. Ces Nains astreints au servage sont physiquement et psychiquement bien différents de leurs frères vivant en liberté (CO 5, EV 20, PR 1, AT 8, PRD 6, CM 7).

Il y a peu de chances (si le 1 sort au dé) qu'ils se montrent hostiles aux héros quand ils les apercevront. Si vous faites de 2 à 5, au D6 les Nains semblent totalement indifférents à la présence des héros et ils continuent tranquillement leur travail. Si vous faites 6, ils ont une réaction amicale et donnent volontiers aux héros des renseignements sur une partie de la mine.

Dans ce cas le Maître lance le dé : de 1 à 4, les Nains parlent de leur domaine de travail dans le secteur ouest de la mine (salles n° 3 à 6) ; s'il fait 5 ou 6, ils racontent en outre que les Gnomes des Cavernes sont sous la surveillance des Orques.
Si la lutte s'engage, les Nains attaquent avec leurs outils. Dans la salle il y a trois pioches (1D + 4, AT – 3, PRD – 2), trois pelles (1D, AT – 2, PRD – 2), quatre petits marteaux (1D + 1, AT 0, PRD – 3) et un ciseau (1D + 2). Dès qu'un Nain est blessé, tous arrêtent le combat et semblent se désintéresser des intrus.
Au cas où les héros ne seraient pas encore allés dans les salles n° 8 et 9 ils peuvent rencontrer par hasard une patrouille d'Orques.
Le Maître lance donc un D6. S'il tombe sur 1 ou 2, deux Orques surgissent (CO 8, EV 15, PR 2, AT 9, PRD 7, CM 8). Ils sont armés de sabres qui peuvent occasionner D + 4 Points d'Impact. Si vous vous heurtez à des Orques, il y a une chance sur deux (de 1 à 3 avec un dé) que les Nains vous prêtent main-forte. Sinon ils restent neutres. Les Orques luttent tant qu'ils n'ont pas perdu la moitié de leur Energie Vitale. Après quoi ils prennent la fuite.

Salle n° 4 : Demeure des Nains

Informations générales
Cette salle rectangulaire mesure 10 m d'ouest en est, 8 m du nord au sud, et atteint 3 m de haut. Une sortie est ménagée au milieu de la paroi sud, une autre à l'angle nord-ouest où prend naissance un petit couloir orienté vers le nord. A l'angle sud-ouest, des

bûches rougeoient sur un foyer encadré de briques d'argile cuite. Au-dessus de cette unique et faible source de lumière, une évacuation d'air perce le plafond.

Informations particulières

Celui qui pénètre dans cette pièce avec une lumière remarque cinq assemblages de lattes grossières contre le mur est, qui constituent l'essentiel de l'ameublement. Il s'agit de dix couchettes superposées où dorment en permanence 4 Nains. Une table est au milieu de la pièce avec quatre chaises autour. Contre le mur nord s'appuient deux coffres assez grands, larges de 1,50 m et hauts de 2 m. Quand les héros entrent dans la pièce, les Nains se réveillent en sursaut.

Informations réservées au Maître

Cette pièce est la salle de séjour et le dortoir des Nains condamnés au travail dans cette section de la mine. Les Nains (CO 5, EV 20, PR 1, AT 8, PRD 6, CM 7) éveillés par les héros, restent d'abord effrayés et muets. Mais, si les héros ne manifestent pas d'hostilité, il y a une chance sur deux (de 1 à 3 avec 1 dé) pour que les Nains leur fournissent de précieuses informations.

Le Maître choisira ou tirera aux dés trois renseignements parmi les six qui suivent :

1. Le dépôt contient des outils qui peuvent aider les héros à fuir.
2. Dans ce secteur passent à l'occasion des patrouilles d'Orques, mais il n'y a jamais plus de deux Orques pour surveiller les Nains.
3. 12 Nains en tout habitent la mine.

4. Les Nains sont ici depuis peu. Auparavant, séjournaient ici des Gnomes des Cavernes qui vivent maintenant dans le secteur est.
5. Dans la partie sud-est de la mine s'étend une vieille galerie en ruine, où il ne fait pas bon entrer.
6. Les Nains possèdent une potion magique qui restaure l'Energie Vitale perdue. Un flacon suffit pour 2 cures.

Le conduit de fumée de l'angle sud-ouest est trop étroit pour se prêter à la fuite des héros vers le haut. Les coffres alignés contre le mur nord contiennent des vêtements et un bric-à-brac sans valeur. Tout au fond du meuble de droite est pourtant enfouie une bourse enfermant de petits lingots. C'est le trésor des Nains. Il y a 15 pièces d'or. Si les héros découvrent leur trésor, les Nains deviennent agressifs, ils les attaquent (ils disposent pour ce faire de 2 petits marteaux de D + 1) et ils tentent d'alerter leurs camarades au travail dans les galeries.
L'armoire du mur ouest ne contient rien d'intéressant sinon la fiole d'élixir de santé.
Dans leur fuite les héros ne peuvent pas compter sur les Nains comme sur des alliés : ceux-ci sont en effet totalement amorphes. Mais si les héros se comportent convenablement, les Nains leur donneront la potion de guérison.

Salle n° 5 : Galerie en exploitation des Nains

Informations générales
C'est une grande salle de forme à peu près rectangulaire qui mesure 8 m du nord au sud et 12 m d'est en

ouest. Elle avoisine les 3 m en hauteur. Le mur ouest, en face de l'entrée, est irrégulier, il présente de multiples niches et saillies.

Informations particulières
Il y a ici, en permanence, trois Nains qui arrachent au mur ouest un minerai à l'éclat argenté, courant sur la paroi en une large veine. Deux Nains travaillent à la pioche. Le troisième emplit de blocs de minerai un wagonnet dont les roues de bois primitives portent une plate-forme d'à peu près 1 m. Deux autres wagonnets analogues sont un peu plus loin du mur ouest au milieu de la salle. Les deux autres murs portent chacun quatre torches de poix qui plongent le décor dans une lueur inquiétante. L'air de cette galerie est très étouffant.

Informations réservées au Maître
Les Nains de cette galerie sont des êtres réduits à l'esclavage, condamnés à extraire, au profit des détenteurs de la mine, un minerai d'une très forte teneur en argent. Leur volonté a été brisée. Ils peuvent être considérés comme totalement démoralisés. De ce fait leurs valeurs sont réduites par rapport à celles des Nains normaux : CO 5, EV 20, PR 1, AT 8, PRD 6, CM 7. Il subsiste toutefois une petite chance (si vous faites 1) qu'ils se montrent hostiles aux héros. Si le résultat du dé est de 2 à 5, ils ne réagissent aucunement à l'intrusion des héros, si le 6 est tiré, ils se montrent en revanche très aimables et racontent leur triste histoire.
Le Maître relance le dé, si c'est le 1 ou le 2 qui sortent, les héros apprennent que fuir de la mine est impossible, car on ne peut accéder à la tour, et donc à l'unique issue, qu'en franchissant un local

plein de Gardes. Si le tirage est 3 ou 4, les Nains leur révèlent une rumeur selon laquelle il aurait existé jadis un passage d'une galerie vers un réseau de grottes. Si enfin c'est 5 ou 6, les héros apprennent qu'il leur faut se méfier des Gnomes des Cavernes qui seraient enclins à la perfidie.
Si la lutte s'engage, les Nains ont recours à deux pioches (1D + 4, AT – 3, PRD – 2) et à une pelle (1D, AT – 2, PRD – 2), mais ils se rendent aussitôt que l'un des leurs est blessé et, ensuite, ils se montrent totalement apathiques. Si les héros ne sont pas encore allés dans les salles n° 8 ou 9, il se peut qu'ils rencontrent un Orque qui surgit si on fait 1 au dé (CO 8, EV 15, PR 2, AT 9, PRD 7, CM 8). L'Orque est armé d'un sabre (1D + 4) et d'un bouclier (PR + 1), il attaque aussitôt et combat tant qu'il n'a pas perdu la moitié de son EV. Alors il s'enfuit.

Couloir 5a :

Informations générales
Le couloir 5a est un couloir normal : 5 m de long, 2 m de large et 3 bons mètres de haut. Il s'enfonce de l'ouest vers l'est au nord du passage qui relie les salles n° 5 et 6.

Informations particulières
L'air y sent le moisi, on a l'impression que le travail y a été abandonné depuis longtemps. Le couloir est sombre.

Informations réservées au Maître
A l'ouest, le couloir se heurte à un mur. On a dû abandonner là l'extraction. Le mur ouest semble

normal, mais le mur extérieur nord présente un aspect bizarre. On a jadis découvert par hasard, en creusant ici, un réseau de grottes dont les propriétaires de la mine ont fait murer l'accès. Les Nains, qui travaillent dans le secteur ouest de la mine, ignorent ce passage ou n'osent pas le rouvrir. La muraille de pierre a une épaisseur de 50 cm et peut très bien être percée à la pioche. Cela nécessite, pour un homme armé d'un bon outil, 20 tours de jeu. Mais, déceler la brèche dans le mur exige une recherche minutieuse.

Salle n° 6 : Dépôt

Informations générales
C'est un local sombre dont l'unique accès se situe dans la paroi ouest. Il mesure, du nord au sud, 8 m et, de l'ouest à l'est, 4 m, hauteur : 2,50 m.

Informations particulières
En éclairant la salle on distingue une série d'appareils et d'outils. A côté d'un wagon de bois de 1 m de long, une grande table de travail s'appuie contre le mur sud, avec un étau, une enclume près d'un foyer, une étagère sur le mur ouest à gauche de l'entrée et, contre le mur nord, deux paillasses sur lesquelles dorment en permanence deux Nains. Dans les murs sont scellées trois lampes à huile. Sur l'étagère s'entassent trois rouleaux de corde de 10, 15 et 20 m de longueur, un pot de graisse, une scie à main, sept petits marteaux adaptés aux Nains, une demi-douzaine de sacs de diverses contenances, environ cent clous également de différentes tailles. Contre le mur ouest, un grand tonneau rempli d'eau.

Informations réservées au Maître

Dans ce local de dépôt et de travail, les Nains sont abrutis par la réclusion et plus faibles que des Nains normaux. Aussi n'ont-ils plus que des valeurs réduites : CO 5, EV 20, PR 1, AT 8, PRD 6, CM 7. L'arrivée des héros les réveille, sans qu'ils manifestent la moindre hostilité. Si on obtient entre 1 et 3 avec 1D, ils répondent évasivement aux questions des nouveaux venus. De 4 à 6, ils se mettent à s'épancher et à maudire leurs oppresseurs.

Dans ce dernier cas le Maître lance à nouveau le dé. S'il obtient entre 1 et 4, les héros apprennent que les Gnomes des Cavernes et les esclaves Nains extraient le minerai d'argent et le transportent vers un dépôt général au centre de la mine à l'aide de corbeilles et de wagonnets. Des Orques et des Hommes-Salamandres réceptionnent la marchandise. Si le Maître obtient 5 ou 6, les Nains racontent qu'ils ont vu des Gobelins se glisser ici pour harceler les Gnomes des Cavernes.

Sur le rayon inférieur de l'étagère, dissimulées derrière un pot de graisse, s'alignent trois fioles de verre contenant de l'huile, une forte eau-de-vie et une potion magique. Ces précieux liquides ont été introduits en fraude. Les Nains ne les donnent pas de leur plein gré mais ils ne se défendent pas contre les héros. Si ceux-ci s'en emparent, ils se montrent simplement offensés et ne disent plus mot.

Salle n° 7 : Galerie prodonde

Informations générales

Un escalier court et raide (1m de long) conduit à un local sombre et de forme irrégulière, situé 1 m plus

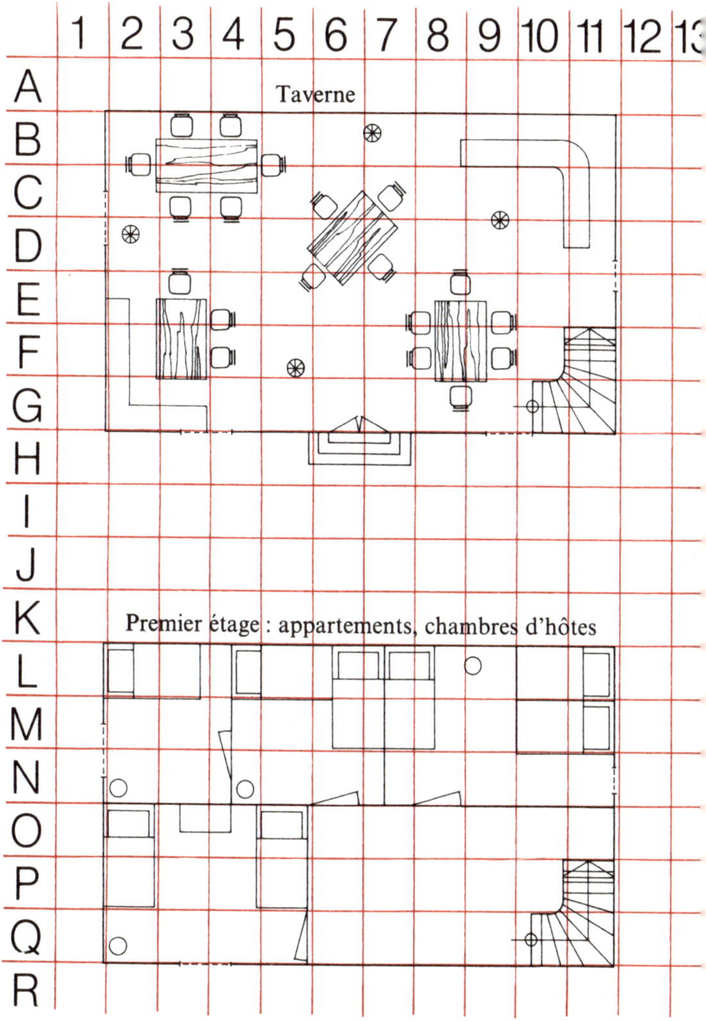
1 2 3 4 5 6 7 8 9 10 11 12 13
A B C D E F G H I J K L M N O P Q R
Taverne
Premier étage : appartements, chambres d'hôtes

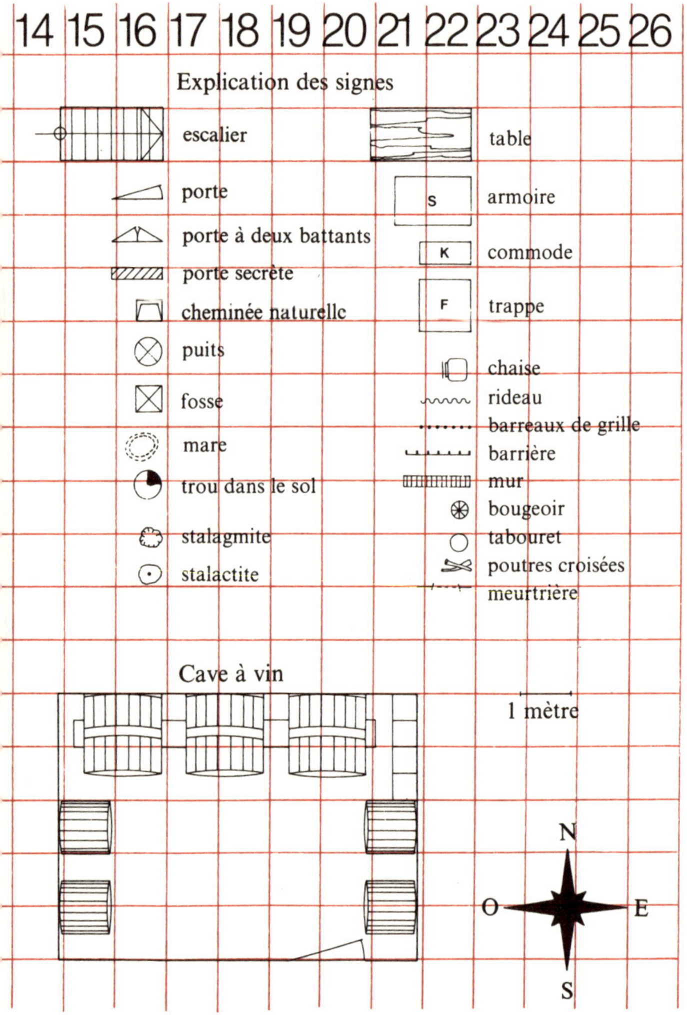
14 15 16 17 18 19 20 21 22 23 24 25 26
Explication des signes
escalier
porte
porte à deux battants
porte secrète
cheminée naturellc
puits
fosse
mare
trou dans le sol
stalagmite
stalactite
table
S
armoire
K
commode
F
trappe
chaise
rideau
barreaux de grille
barrière
mur
bougeoir
tabouret
poutres croisées
meurtrière
Cave à vin
1 mètre
N
O
E
S

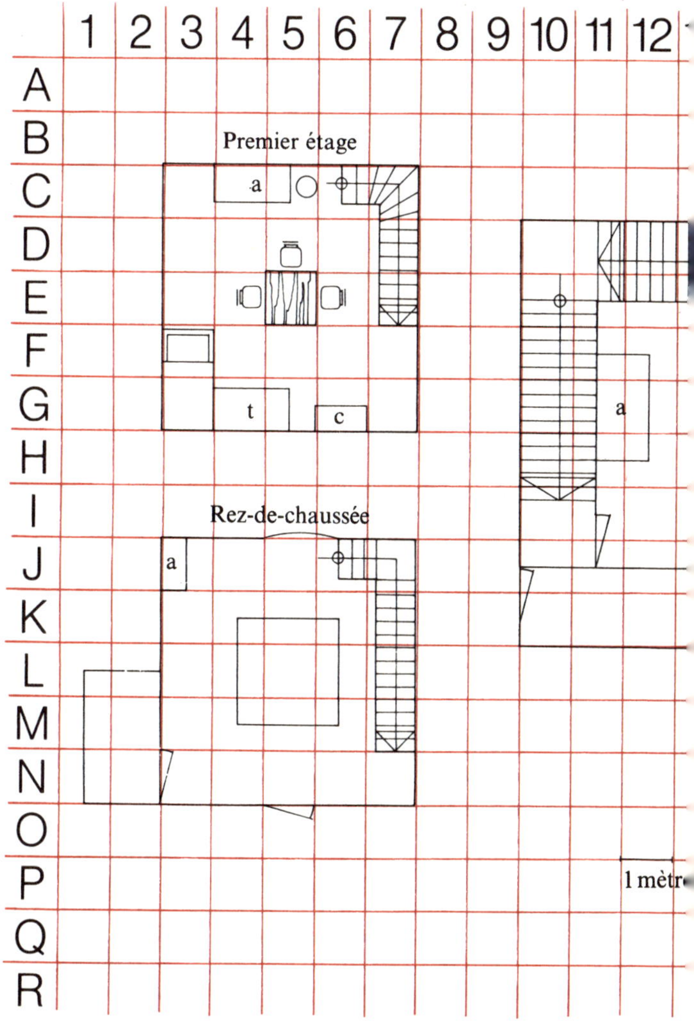
1 2 3 4 5 6 7 8 9 10 11 12
A B C D E F G H I J K L M N O P Q R
Premier étage
a
t
c
Rez-de-chaussée
a
a
1 mètr

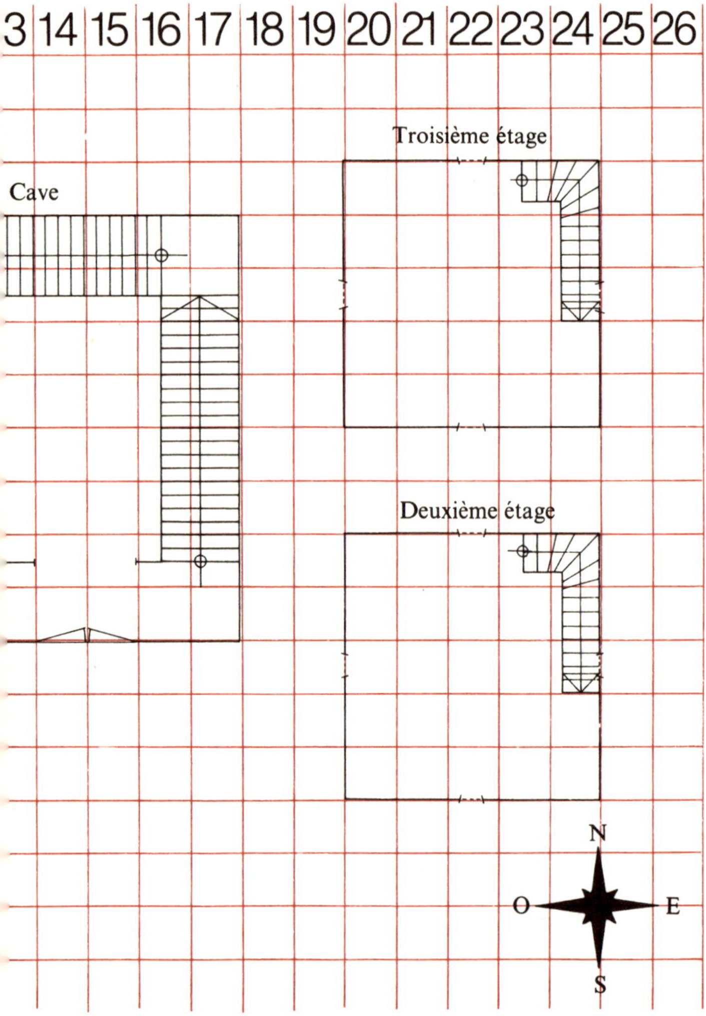

3 14 15 16 17 18 19 20 21 22 23 24 25 26
Troisième étage
Cave
Deuxième étage
N
O
E
S

bas. Cette pièce fait 4 m sur 4 et comporte, dans l'angle sud-ouest, une cavité de 2 m sur 2. La hauteur sous plafond est de 2,50 m.

Informations particulières
Si on éclaire la salle, on y distingue, dans l'angle sud-est, un recoin couvert de planches. En face de l'escalier, on voit, contre le mur sud, un vieux panier détérioré. Le plafond est étayé par de fortes poutres.

Informations réservées au Maître
Les planches de l'angle sud-ouest recouvrent un puits profond de 3 mètres, d'à peine 2 m sur 2, qui a dû servir de puits de descente. Les planches sont vermoulues et le premier héros qui pose le pied dessus les défonce et tombe au fond du puits (de 1 à 6 PI). C'est un accident bien fâcheux, mais qui peut s'avérer heureux car, au fond de la fosse, se trouve une épée malodorante, mais en parfait état de conservation (1D + 4). Dans le vieux panier d'osier, au sud, on peut, en fouillant bien, découvrir, sous des guenilles, une lampe à huile vide et un flacon de potion de guérison. On ne se rend compte du pouvoir de cette boisson qu'en y goûtant (on se sent alors merveilleusement fortifié et rafraîchi). La fiole suffit pour 2 emplois.

Salle n° 8 : Salle de garde des Orques

Informations générales
Un rideau de cuir masque une entrée large de 1 m donnant accès à une salle de 4 m sur 4, haute de 2 bons mètres. Une lampe scellée dans le mur ouest et une deuxième dans le mur est, baignent la salle dans un demi-jour.

Informations particulières

Contre le mur ouest, s'appuient deux placards assez grands. Au milieu de la pièce, une table à laquelle sont assis deux Orques occupés à jouer aux osselets. A peine ont-ils aperçu les héros, qu'ils bondissent et saisissent leurs armes.

Informations réservées au Maître

Dès que les Orques (CO 8, EV 15, PR 2, AT 9, PRD 7, CM 8) remarquent qu'ils sont en minorité, ils appellent à l'aide leurs congénères de la salle n° 9. (Si les héros ont déjà rencontré au cours de leurs pérégrinations une ou deux patrouilles

d'Orques, il ne reste plus qu'un Orque, sinon il y en a deux). En tout cas, ils prennent leurs armes : un sabre (1D + 4) et une lance (1D + 2), et attaquent les héros. Les renforts n'arrivent de la salle n° 9 au plus tôt qu'après 5 tours de jeu, avec sabres et boucliers. Les Orques portent sur eux 12 ou 22 pièces d'argent et ils luttent à mort.
Les placards contiennent chacun un sabre (1D + 4), un javelot (1,5 m, 1D + 2) et un bouclier, ainsi que quelques menus objets appartenant aux Orques, sans grande utilité pour l'homme.

Salle n°9 : Salle de garde des Orques

Informations générales
Un lourd rideau de cuir dissimule une entrée large de 1 m, qui donne accès à un local de 4 m sur 4, sur au moins 2 m de haut. Au mur ouest et au mur est, brûlent deux lampes à huile. Elles baignent la pièce d'une lueur crépusculaire.

Informations particulières
Au milieu de la pièce, un personnage assoupi est assis à une table, la tête posée sur les bras. Ce doit être un Orque faisant sa petite sieste. Dans l'angle sud-ouest, dans le coin opposé à l'entrée, on aperçoit une armoire en bois massif.

Informations réservées au Maître
Si les héros ont déjà rencontré, au cours de leurs pérégrinations à travers la mine une ou deux patrouilles d'Orques, un seul Orque se trouve assis à la table dans cette salle de garde, sinon un second surgit, invisible de l'entrée parce qu'il se tenait adossé au mur nord. Le nouveau venu attaque aussitôt les héros au sabre et appelle à l'aide

ses collègues de la salle n° 8. Ceux-ci ne pourront arriver qu'après 4 tours de jeu, armés de leurs lances et de leurs épées. C'est également après 4 tours de jeu que l'Orque endormi sera prêt à intervenir. Au cas où il serait seul dans la salle de garde, les héros ont de fortes chances (de 1 à 5 au dé) de lui échapper. Sinon, comme son compagnon, il combattra avec son sabre (1D + 4) jusqu'à la mort ; les valeurs des Orques sont : CO 8, EV 15, PR 2, AT 9, PRD 7, CM 8. Ils ont respectivement 10 et 35 pièces d'argent sur eux. L'armoire contient deux boucliers et une hache de guerre (1D + 3). Une note de service affichée au revers de la porte de l'armoire indique que les Orques sont relayés toutes les 12 heures.

Salle n° 10 : Dépôt d'outils des Gnomes des Cavernes

Informations générales
Un très large accés (4 m), conduit à une petite pièce rectangulaire mesurant 10 m dans le sens est-ouest et 6 m dans le sens nord-sud. La pièce n'a pas de lumière propre mais l'éclairage parcimonieux du couloir y répand une faible lueur.

Informations particulières
Un effroyable désordre règne dans cette salle. Elle est jonchée de toutes sortes d'objets, appareils et outils destinés au travail sous terre : poutres et planches de diverses longueurs, étais et coins de bois, une douzaine de paniers d'osier, deux brouettes, un tas de brancards munis de poignées de corde, quatre pelles, des morceaux de cuir souillés larges de plusieurs mètres carrés et rigides comme du bois, trois charrettes (d'environ 1m de long, pourvues de vieil-

les roues en bois), deux pioches au manche cassé et plusieurs rouleaux de chanvre grossier. Au milieu de ce bric-à-brac un grand coffre de charpentier.

Informations réservées au Maître

Il peut se faire que vous rencontriez par hasard dans ce dépôt un Orque. Le Maître lancera 1 dé. S'il tire 1 ou 2, un Orque surgit (CO 8, EV 15, PR 2, AT 9, PRD 7, CM 8). Il est armé d'une lance (1D + 2) et porte un bouclier (PR + 1). En outre il dispose d'un fouet (1D + 2) fixé à sa ceinture. Dès qu'il aperçoit les héros, il attaque et combat à mort. Le coffre de charpentier contient une tenaille, deux petits marteaux, deux lampes enveloppées dans du papier et quantité de clous de tailles différentes. Dans un coin du coffre se trouve une cassette de bois. Il est aisé de l'ouvrir mais, quand on soulève le couvercle, deux pointes d'acier jaillissent des deux côtés. Elles infligent au téméraire 2 Points d'Impact pour toute tentative. Heureusement, les pointes ne sont pas empoisonnées. En revanche, le poignard enfermé dans la cassette est empoisonné, ce que les héros ne remarqueront qu'en l'utilisant (l'être vivant ainsi frappé se voit ôter 1D + 1 Points d'Impact et il meurt 5 tours de jeu après). La cassette renferme en outre une grosse clé de bronze à large panneton.

Couloir 10a : Couloir désaffecté

Informations générales

Ce couloir obscur s'achève contre une paroi rocheuse au bout de 8 m.

Couloir 10b : Couloir obstrué d'éboulis

Informations générales
Ce couloir sombre n'est plus utilisé depuis longtemps. Il est bouché par des décombres au bout de 8 m. Rien de particulier à trouver.

Couloir 10c

Informations générales
Ce couloir s'achève en impasse au bout de 5 m.

Salle n° 11 : Galerie des Gnomes des Cavernes

Informations générales
C'est une pièce moyenne, d'une surface de 8 m sur 8. Le plafond de cette galerie mal éclairée est à 2,50 m, les murs nord et est ont une surface très irrégulière, car on en extrait du minerai. Deux couloirs conduisent dans cette salle : l'un de 3 m de large débouche à l'angle sud-ouest, un autre, normal, de 2 m de large dans le mur ouest.

Informations particulières
A la faible lueur de plusieurs flambeaux de poix quatre Gnomes des Cavernes s'affairent. Ils travaillent deux par deux, les uns au mur nord, les autres au mur est, l'un des deux détache le roc avec une petite pioche, le second fragmente les blocs au marteau et les empile à la pelle dans les corbeilles disposées à cet effet. Le long des murs sud et ouest s'élèvent deux tas de décombres hauts de 1 m environ. Quand les héros apparaissent, les Gnomes épouvantés quittent leur travail et tentent de gagner les issues.

Informations réservées au Maître

Si les Gnomes des Cavernes (CO 5, EV 2, PR 1, AT 6, PRD 5, CM 5) sont attaqués, ils défendent leur vie en utilisant leurs outils comme armes. Ils disposent pour ce faire de deux pics (1D + 3, AT 2, PRD 1) et de deux pelles (1D, AT – 2, PRD – 2). Sinon ils restent passifs. Si on veut questionner les Gnomes, le Maître lance une fois le dé. Pour 1 ou 2, ils donnent des réponses évasives (si, toutefois, on souhaite obtenir à tout prix une réponse, le Maître pourra lancer le dé jusqu'à ce qu'ils fournissent des éclaircissements suffisants et qu'il tire donc de 3 à 6). Si le 3 ou 4 sortent, ils prétendent être les seuls Gnomes des Cavernes de la mine (mais ce renseignement est faux !). Il y aurait toutefois quantité de Nains dans le secteur ouest. Si c'est le 5 ou le 6 qui sortent, ils disent enfin la vérité sur leurs congénères de la mine, décrivent les lieux et les conditions de travail. Dans cette galerie il se peut que les joueurs rencontrent des Orques. Le Maître lance un dé. S'il obtient 1 ou 2, deux gardiens Orques surgissent en effet. (CO 8, EV 15, PR 2, AT 8, PRD 7, CM 8). Ils sont armés de massues. Les Orques ont sur eux chacun 10 pièces d'argent. Ils combattent à mort.

Salle n° 12 : Galerie des Gnomes des Cavernes

Informations générales

Cette salle de forme irrégulière est relativement grande. Elle mesure 10 m d'est en ouest et 8 m du nord au sud. Elle ne dépasse pas 2 m de haut et présente des cavités à l'angle nord-est (2 m sur 2) et au nord près de l'entrée qui, à 2 m de l'angle du mur sud, débouche dans le mur ouest. La pièce est moyennement éclairée par quelques flambeaux de poix et deux lanternes accrochées au mur.

Informations particulières

Quatre Gnomes des Cavernes s'affairent le long de la paroi est, particulièrement irrégulière ; ils en détachent des blocs de pierre. Au milieu de la pièce sont alignés trois wagons de bois d'environ 1 m, dont la plate-forme se prête bien au transport du minerai. Entre ces wagonnets et les Gnomes sont dispersés plusieurs paniers, et des caisses munies de poignées de corde, qui visiblement servent aussi au transport du minerai.

Informations réservées au Maître

Si les Gnomes sont attaqués, ils se défendent (CO 5, EV 2, PR 1, AT 6, PRD 5, CM 5) avec deux pics (1D + 3, AT 2, PRD – 1) et deux gros marteaux (1D + 3, AT – 2, PRD – 2). Mais ils se rendent dès qu'ils se voient en infériorité, c'est-à-dire, dès qu'ils encaissent plus de Points d'Impact que leurs adversaires. Sinon, leur comportement sera déterminé par les dés. De 1 à 4, ils restent passifs et répondent évasivement (en fait ces petits bonshommes sont très cupides et il suffit de 10 pièces d'argent pour les faire changer d'avis et les rendre coopérants). Entre 5 et 6, ils sont tout disposés à vous renseigner sur leur situation et sur leur sort.

Le Maître lance le dé deux fois et, suivant les résultats, il fournira jusqu'à deux renseignements aux héros :

1 ou 2 : Les Gnomes ont été faits prisonniers par les Orques, qui les ont condamnés au travail de la

mine. Ils ont mis au jour le filon argentifère, mais ils ont cédé la place aux Nains qui travaillent désormais à l'extraction. Quant aux Gnomes, ils creusent dans le secteur est de la mine à la recherche d'un nouveau filon.
3 ou 4 : La mine est gardée par les Orques et les Hommes-Salamandres.
5 ou 6 : Les Nains du secteur ouest sont de mauvais coucheurs.
Tandis que trois Gnomes renseignent les héros, le quatrième sort furtivement pour mettre en garde ses congénères de la salle n° 13. Il y réussit si un coup de dé donne de 1 à 5.

Salle n° 13 : Séjour des Gnomes des Cavernes

Informations générales
Cette vaste salle a un plan irrégulier. La pièce principale mesure 10 m d'est en ouest. Deux couloirs y débouchent, l'un dans le mur est, l'autre dans le mur sud. A l'angle nord-ouest, il y a un renfoncement de 2 m sur 2 et, au nord-est, une pièce prolonge la salle principale, elle mesure 6 m d'est en ouest et 4 m du nord au sud et, comme la salle, elle a à peine 2 m de haut. Le passage entre la salle et cette pièce a 4 m de large.

Informations particulières
A la lueur vacillante d'un foyer placé au milieu de la salle, on discerne huit huttes d'argile en forme d'igloo hautes de 1 m où séjournent et dorment les Gnomes. Cinq d'entre eux se trouvent dans la moitié ouest de la salle, et trois autres dans la pièce annexe. Tout autour du feu sont accroupis cinq Gnomes des Cavernes. Ils bondissent sur leurs pieds à l'arrivée

des héros. Si les autres Gnomes les ont contactés, un sixième, venu de la salle n° 12, les rejoint par derrière. Contre le mur nord, derrière les huttes de la petite salle contiguë, on remarque un gros bloc de rocher.

Informations réservées au Maître

Si les Gnomes (CO 5, EV 12, PR 1, AT 6, PRD 5, CM 5) ont été prévenus, il y a une chance sur six pour qu'ils luttent contre les héros (1D de Points d'Impact). Ils ne sont pourtant pas de courageux guerriers, résultat sans doute de leur longue captivité. Dès que l'un d'entre eux est blessé, ils capitulent et deviennent complètement passifs. C'est également le cas si le Maître obtient de 2 à 4 au dé (1 à 4 si leur ami ne les a pas mis en garde). Si c'est un 5 ou un 6, les Gnomes coopérent volontiers et donnent aux héros d'importantes informations :

1. Le minerai d'argent est apporté par les Nains à un centre de collecte situé devant les salles n° 8 et 9. Il est alors prélevé par les Hommes-Salamandres qui le transportent jusqu'à l'atelier où la monnaie est frappée à partir de l'argent extrait.
2. Le couloir secret caché par le bloc de rocher (1 m de haut en direction du nord) recèle un plan qui indique un passage secret vers le secteur ouest de la mine. Ce passage permet de sortir de la mine et d'accéder à un réseau de grottes, mais il est muré depuis longtemps. Il se peut toutefois que ce passage, dont les Nains ignorent l'existence, ait été rouvert.

Si les héros commettent l'erreur de se glisser tous dans le couloir, les Gnomes roulent les blocs de pierre devant l'ouverture pour les emprisonner. Ils avertissent alors les Orques et les Hommes-Salamandres, espérant obtenir ainsi par la suite un traitement de faveur. Si les héros sont déjà allés dans les salles n° 8 et 9, au lieu des trois Orques (CO 8, EV 15, PR 2, AT 9, PRD 7, CM 8) combattant au sabre (1D + 4), arrivent trois Hommes-Salamandres (CO 7, EV 15, PR 3, AT 8, PRD 7, CM 7) armés de massues. Les deux groupes luttent à mort.

Salle n° 14 : Salle de contrôle

Informations générales

C'est une petite pièce de 4 m sur 4, bien éclairée, dont le plafond atteint 2,50 m. L'entrée, large de 2 m, est ménagée à l'angle est du mur oriental.

Informations particulières

Au milieu de la pièce se dresse une table. Deux Hommes-Salamandres y sont assis, surveillant du coin de l'œil le couloir devant eux. Derrière eux il y a un placard étroit adossé au mur ouest.

Informations réservées au Maître

Les deux Hommes-Salamandres (CO 7, EV 15, PR 3, AT 8, PRD 7, CM 7) sont armés de massues (1D + 2). Ils surveillent le transport du minerai dirigé de la mine vers les salles de garde. Ce transport se fait au moyen des wagonnets de bois que les Nains (actuellement on ne voit pas de Gnomes) poussent vers le centre de collecte situé entre les salles n° 8 et 9 où les Hommes-Salamandres les réceptionnent et les traînent vers le nord dans la salle n° 16 en passant devant la salle n° 14.

A la vue des héros, les Hommes-Salamandres saisissent leurs armes et luttent à mort. Sous aucun prétexte ils ne doivent abandonner leur poste, aussi ne peuvent-ils pas partir chercher de l'aide dans la salle n° 16.
Le placard derrière les Hommes-Salamandres contient une veste de cuir (PR 3) qui semble avoir naguère appartenu à un homme.

Salle n° 15 : Salle de contrôle

Informations générales
C'est une petite pièce de 4 m sur 4, bien éclairée, hauteur sous plafond 2,50 m. L'entrée large de 2 m est percée à l'angle sud-ouest dans le mur ouest.

Informations particulières
Au milieu de la pièce, une table. Deux Hommes-Salamandres y sont assis, observant le couloir qui passe devant la pièce. Derrière leur dos, un lourd coffre est adossé au mur est.

Informations réservées au Maître
Les deux Hommes-Salamandres (CO 7, EV 12, PA 3, AT 8, PRD 7, CM 7) sont armés de marteau de guerre (D + 3). Ils surveillent le retour des wagonnets venus de la salle n° 16, qui suivent vers le sud, le couloir menant au hangar entre les salles n° 8 et 9. Comme leurs collègues de la salle n° 14, et comme les gardiens Orques, ils doivent naturellement veiller à ce que nul ne quitte le secteur minier.
A la vue des héros, les Hommes-Salamandres bondissent, saisissent leurs massues et se battent à mort. Ils ne doivent sous aucun prétexte abandon-

ner leur poste, aussi ne peuvent-ils chercher aucun secours dans la salle n° 16. Le coffre derrière eux est fermé par une serrure. Toutefois, l'un des Gardes en détient la clé. Contenu du coffre : deux marteaux de guerre (1D + 3), un couteau (1D) et une sacoche de cuir.

Salle n° 16 : La monnaie

Informations générales
Cette pièce est relativement grande, claire et pleine de bruit et de fumée. Elle mesure 8 m sur 8 et présente dans sa partie ouest une niche, creusée à 3 m de hauteur. Au nord, deux couloirs y débouchent et, à l'est, un couloir large de 4 m se rétrécit rapidement. Des braseros projettent de grandes ombres sur les parois. Une odeur piquante règne dans la pièce.

Informations particulières
Au premier plan, donc au sud de la pièce, sont alignés trois wagonnets chargés de minerai qui ont été amenés dans cette salle n° 16 par le couloir débouchant à l'angle sud-ouest. Un wagon vide attend à l'angle sud-est le transport en sens inverse par ce couloir vers le hangar de collectage. Une niche au sud-ouest contient un haut fourneau, qu'un Gobelin emplit de minerai. Le long du mur ouest court la rigole par où s'écoule l'argent provenant du haut fourneau. Un deuxième Gobelin est occupé à puiser l'argent et à verser le métal liquide dans un moule. Au milieu de la salle, un Orque utilise un moule primitif pour y couler des pièces d'argent. A l'est de cet Orque, un profond récipient de pierre contient déjà quantité de pièces de monnaie.

Informations réservées au Maître

Les deux Gobelins (CO 5, EV 12, PR 2, AT 7, PRD 5, CM 5) et l'Orque (CO 8, EV 15, PR 2, AT 9, PRD 7, CM 8) ne sont pas armés. Ils peuvent toutefois se défendre avec les matraques en bois éparpillées sur le sol, armes qui infligent 1D + 2 PI. Près de la rigole se trouve un crochet de fer qui peut également faire office d'arme (1D + 3). La salle ne renferme aucun objet de valeur en dehors du minerai d'argent et des pièces contenues dans le récipient de pierre. Quand les Gobelins et l'Orque qui travaillent dans la salle sont attaqués, ils tentent de fuir et n'ont qu'une chance sur deux de réussir (s'il font entre 1 et 3 au lancer de dé). Sinon ils combattent les héros tant qu'ils n'ont pas perdu la moitié de leur Energie Vitale. A ce moment, ils prennent la fuite.

Salle n° 17 : Habitation des Néanderthaliens

Informations générales

Cette salle est rectangulaire et mesure 6 m du nord au sud, 4 m de l'est à l'ouest. L'entrée, large de 1 m, s'ouvre dans le mur sud. Elle est dissimulée derrière un rideau fait de peaux d'ours malodorantes. La pièce a 2,50 m de haut, elle est faiblement éclairée par un flambeau fixé au mur nord.

Informations particulières

Il s'agit visiblement d'une habitation humaine. Contre le mur ouest sont allongés deux êtres aux formes lourdes vêtus seulement de pagnes de cuir. La pièce est totalement nue, deux clés accrochées au mur sud, une grande et une petite.

Informations réservées au Maître

Ces deux êtres sont des Néanderthaliens (CO 11, EV 30, PR 1, AT 10, PRD 6, CM 12). Quand les héros entrent dans la salle, tous deux bondissent de leur paillasse et saisissent les armes qu'ils ont auprès d'eux : hache de pierre (1D+2) et lance à pointe de silex (1D+2). Puis ils attaquent les intrus sans autre forme de procès. Si les Néanderthaliens se voient sur le point de perdre, l'un d'entre eux va tenter d'atteindre les deux clés pendues au mur sud et de fuir par l'entrée tendue de peaux et par la porte au bout du couloir 17a, entreprise que les héros peuvent et doivent évidemment empêcher. Grâce à la clé, on peut ouvrir une lourde porte de chêne au bout du couloir. Elle conduit à une caverne (salle n° 29) où est détenu un Dragon derrière une grille de fer. La deuxième, plus petite, s'adapte à la serrure de la cage de fer. Si la tentative de fuite des Néanderthaliens échoue (1 ou 2 en un coup de dé) tous deux combattent

les héros jusqu'à ce que mort s'ensuive. Si la tentative de fuite réussit, le Néanderthalien qui a pu se sauver délivre le Dragon de la caverne n° 29 et, aidé du monstre, il barre l'issue menant au couloir 17. Toutefois, le Dragon ne pénètre jamais dans la mine, ni dans le secteur de garde.

Couloir 17a

Informations générales
Ce couloir situé devant la salle n° 17, relie celle-ci à la tour (salle n° 22) et va d'ouest en est. Il aboutit à l'est à une lourde porte de chêne.

Informations réservées au Maître
La porte de chêne peut être ouverte avec la grosse clé de salle n° 17. Elle s'ouvre alors sur la caverne n° 29 et le réseau de grottes.

Couloir 17b

Informations générales
Du couloir ouest entre la salle n° 16 et le couloir 17a se détache, à mi-chemin, le couloir 17b, qui après deux tournants aboutit à un mur.

Informations réservées au Maître
Ce mur est en fait une porte secrète masquée par de l'argile sèche et des cailloux. Si on détache cette glaise friable à petits coups, une serrure apparaît, qu'on peut ouvrir à l'aide d'une grosse clé de bronze à large panneton (provenant de la salle n° 10). C'est là que s'achève le secteur de garde de la mine. Derrière la porte commence le réseau de grottes par la grotte n° 27.

Salle n° 18 : Domicile des Hommes-Salamandres

Informations générales
C'est une pièce relativement grande au plan irrégulier. La plus grande longueur de cette salle et de 10 m d'ouest en est, sa plus grande largeur de 8 m du nord au sud. La salle a 2 m de haut, elle est très humide. L'eau ruisselle le long des murs et goutte du plafond. La pièce n'est pas éclairée.

Informations particulières
Si on éclaire la salle à l'aide d'un flambeau ou d'une lampe, on y distingue huit couchettes contre le mur sud. Trois Hommes-Salamandres s'y reposent de leur labeur. Aux murs ouest et nord sont adossés quatre placards.

Informations réservées au Maître
Les héros surprennent les Hommes-Salamandres en plein sommeil (CO 7, EV 15, PR 3, AT 8, PRD 7, CH 7). Ces Hommes-Salamandres constituent l'équipe de relève des salles de contrôle n° 14 et 15. Les héros vont bénéficier de l'effet de surprise : les Hommes-Salamandres sont, pendant un tour de jeu, dans l'impossibilité de se défendre et encaissent les coups sans pouvoir ni les éviter ni les rendre. Ensuite, ils sont en mesure de riposter avec leurs massues hérisées de pointes de pierre. Etant donné la disposition des lieux, ils ne peuvent fuir et combattent à mort.
Les placards situés contre les murs nord et ouest contiennent les effets personnels des Hommes-Salamandres qui ne présentent aucune utilité pour les héros. Seules peuvent les intéresser deux lances (1D + 2) et une massue (1D + 2). Dans le placard

de droite du mur nord, une fouille méthodique permettrait de trouver diverses choses. Trois ceintures y sont dissimulées, la troisième est une ceinture magique qui, durant un temps limité, a le don d'augmenter la Force Physique de celui qui la porte. Cette ceinture est faite de plaquettes de bronze et elle vaut 20 pièces d'or. Dans ce même placard se trouve aussi une fiole d'huile, une coupelle de suif et une écuelle de bois d'olivier contenant un baume qui permet de réparer une arme brisée ou de la rendre incassable, le temps d'une aventure.

Salle n° 19 : Repaire du Troll

Informations générales
C'est une pièce rectangulaire de 8 m de longueur du nord au sud et 6 m de largeur d'ouest en est. Elle a 3,5 m du haut. A deux mètres de distance du mur sud se trouve une lourde porte en bois garnie de ferrures avec une grosse poignée en fer forgé s'ouvrant dans le mur est. La pièce est bien éclairée par trois lampes à huile accrochées aux murs.

Informations particulières
Au nord-est, un rideau de 4 m sur 2 isole une partie de la pièce. Dans l'angle sud-ouest, une armoire massive de 2 m de large et 2,50 m de haut. Au milieu de la pièce, une gigantesque table avec un tabouret à sa mesure et, contre le mur sud, une autre table et une chaise aux dimensions habituelles et un grand coffre posé contre le mur ouest complètent l'ameublement. A la petite table située contre le mur sud, est assis un Gobelin. Près de lui, sur la table, on aperçoit un glaive (1D + 2) et un bouclier de bois.

Informations réservées au Maître

Quand les héros entrent dans le repaire du Troll et s'avancent vers le Gobelin (CO 5, EV 12, PR 2, AT 7, PRD 5, CM 5), celui-ci reste vissé sur sa chaise. Aux questions des héros il ne répond que par un ricanement sardonique. A peine les héros sont-ils entrés que le seigneur et maître des Gobelins surgit. C'est un Troll des Cavernes à longue barbe, d'aspect effrayant. Ce Troll est le commandant du secteur de garde, c'est-à-dire le chef de la mine. Il se trouve sous les ordres directs des Mercenaires du comte Greifax qui se tiennent dans la tour (salle n° 22).

Il est très fort (CO 25, EV 50, PR 3, AT 8, PRD 8, CM 25). Il combat avec sa massue, dont chaque coup peut provoquer 3 D Points d'Impact. Mais il n'est pas très malin et les héros peuvent le berner, par exemple en bluffant. « C'est le comte Greifax qui nous envoie pour veiller sur ses intérêts ». Ou encore : « Il se cache chez vous un condamné cherchant à assassiner le Comte. Pourquoi ne l'avez-vous pas appréhendé ? ». Cela fait merveille. Toutefois, il faut présenter le bluff de façon convaincante. Seul le Maître décidera si les héros y parviennent et, donc, peuvent fuir, ou s'il leur faut lutter contre le Troll et son serviteur, le Gobelin.

Dans l'armoire de l'angle sud-ouest se trouvent cinq grands pots de grès contenant des conserves, deux bouteilles d'eau-de-vie et une cassette emplie de 150 pièces d'argent. On ne peut l'ouvrir sans la clé que le Troll porte dans un trousseau pendu à sa ceinture. En outre, l'armoire recèle une énorme massue et un puissant bouclier de bois (tous deux trop grands pour nos Aventuriers humains). Le coffre contre le mur ouest contient des vêtements du Troll, naturellement sans aucune intérêt pour les hommes. Le Troll porte également à sa ceinture une autre grosse clé à panneton ouvrant la porte située au bout de l'escalier qui relie l'étage souterrain de la tour à la surface de la terre.

Salle n° 20 : Séjour des Orques

Informations générales
Pièce rectangulaire mesurant 6 m d'est en ouest et 8 m du nord au sud. Elle bien éclairée par des flambeaux fixés au mur. Hauteur sous plafond : 2,50 m. Trois couloirs y conduisent : l'un débouche dans le mur nord, l'autre dans le mur ouest, le troisième dans le mur sud.

Informations particulières
La pièce semble être un comptoir. Des Orques s'y trouvent. Deux d'entre eux sont assis à une table, au milieu de la pièce, comptant les pièces d'argent qu'ils versent dans un coffret. Ils ont posé leurs armes contre la table : une lance et un glaive. Sur un bas-flanc contre le mur, un troisième Orque, allongé, se repose. Son bouclier rond lui sert d'oreiller. Au pied de la couche, on voit une hache de guerre. A l'angle nord-est et à l'angle sud-est, un placard.

Informations réservées au Maître
Il s'agit du lieu de travail des Orques. C'est d'ici qu'ils partent patrouiller dans la mine. Actuellement, les occupants habituels de la pièce ne sont en effet pas tous présents. Les Orques qui s'y trouvent ont mission de compter les pièces d'argent par lots de 500 et de les mettre dans des coffrets, puis de les porter dans la tour (salle n° 22). S'ils

sont dérangés dans leur travail, ils prennent leurs armes en un clin d'œil : lance (1D + 2), glaive (1D + 4), hache de guerre (1D + 4), bouclier (PR + 1). Ils n'acceptent aucune négociation avec les héros et combattent jusqu'à la mort.
Dans le placard nord-est il y a trois casques de guerre ornés de cornes, une douzaine de flambeaux et cinq bouteilles de vin de myrtille. L'autre placard contient trois sacs vides, un couteau rouillé et un flacon une potion de guérison. Le flacon est à moitié vide et ne peut servir qu'une fois.

Salle n° 21 : Salle de garde des Gobelins

Informations générales
Une porte étroite de 1 m de large s'ouvre sur une pièce de 4 m sur 4, haute de 2,50 m. Deux lanternes fixées au mur éclairent la salle. L'entrée est dans la partie sud du mur ouest.

Informations particulières

Trois Gobelins se tiennent en permanence dans la pièce. Deux d'entre eux sont assis à une table. Ils jouent sur un étrange échiquier. Un troisième est assis dans la partie nord contre le mur ouest. Il épie à travers un judas ce qui se passe dans le couloir. Au mur arrière (est) est adossée une commode à quatre tiroirs, deux à droite, deux à gauche. Les Gobelins sont armés de glaives (1D + 2) et d'un fléau d'armes (1D + 3). Tous trois possèdent un bouclier de bois. La sentinelle postée contre le mur ouest pour observer le couloir dispose d'un levier placé à côté d'elle.

Informations réservées au Maître

A l'arrivée des héros, la sentinelle pousse le levier actionnant une trappe qui couvre le couloir sur une surface de deux mètres de côté à l'entrée de la pièce. Pour déterminer le nombre de héros qui se trouvent sur la trappe, le Maître lance le dé. Entre 1 et 3, il y en a 1, entre 4 et 6, 2. Celui qui se trouve sur la trappe doit réussir une épreuve d'Adresse, sinon il est précipité dans la fosse. Cette fosse a 1,50 m de profondeur, son fond est tapissé de tessons et d'éclats de verre coupants. Toute chute dans la fosse détermine 1 D points de Blessures. Là-dessus les Gobelins (CO 5, EV 12, PR 2, AT 7, PRD 5, CM 5) attaquent immédiatement avec leurs armes, dont chacune peut déterminer 1D + 2 PI. Leurs boucliers leur procurent 1 Point de Protection supplémentaire. Si la chance tourne contre eux, les Gobelins demandent grâce et tentent d'acheter les héros avec leur trésor de 20 pièces d'argent. Pour avoir la vie sauve, ils se déclarent même disposés à révéler aux héros l'issue qui leur permettrait de s'échapper.

Le Maître lance le dé pour déterminer les renseignements que fourniront les Gobelins. S'il obtient de 1 à 3, ils parleront de la tour (salle n° 22) située au bout du couloir au nord et occupée seulement, prétendent-ils, par deux Soldats. (En réalité ils sont cinq.) Elle offre un accès à la surface. S'il obtient de 4 à 6, ils parlent de la porte à l'est du couloir 17a et de la clé qui l'ouvre. On trouve cette clé dans la demeure des Néanderthaliens (salle n° 17). Ils ne disent mot de la caverne n° 29 située derrière avec son Dragon.
Les Gobelins ont dissimulé leur véritable trésor sous une pierre mobile du mur nord : 5 pièces d'or et deux gros grenats valant chacun plus de 10 pièces d'or. Dans la commode du mur ouest ne se trouvent que des objets personnels des Gobelins, qui ne valent pas grand-chose. A droite du tiroir d'en haut, il y a, dans un coin, une caissette de bois au couvercle percé de trous ronds. Si un héros soulève le couvercle, il y a 1 chance sur 6 (le 1 avec un dé) que le Scorpion emprisonné dans la boîte pique le curieux qui mourra en un tour de jeu, à moins qu'une potion de guérison ne neutralise l'effet du poison.

Salle n° 22 : La tour

Informations générales
Deux couloirs aboutissent à deux lourdes portes de bois percées dans de puissantes murailles de pierre très différentes du reste de la mine. Les portes ne sont pas verrouillées. Elles sont situées dans le mur sud et la partie sud du mur ouest de ce bâtiment carré d'une surface au sol de 8 mètres sur 8. A l'extérieur les couloirs contournent ce bâtiment et mènent

à la partie sud où ils se rencontrent. La porte ouest a 1 m de large, elle se trouve à 0,50 m du mur sud. La porte sud a 1 m de large. Si on franchit l'une des portes, on se trouve dans un corridor éclairé, long de 8 m, large de 1,50 m, qui va d'ouest en est. En face de la porte sud se trouve l'entrée d'une pièce carrée de 5 m de côté, située au centre des fondations de la tour.

Informations particulières
A l'ouest de la pièce, là où le corridor aboutit au mur ouest, un escalier permet de monter, d'abord en direction du nord, puis en direction de l'est et, finalement, en direction du sud où il débouche sur une lourde porte de chêne 6 m plus haut. La pièce au centre du bâtiment mesure 9 m de hauteur alors que le corridor extérieur, lui, n'en faisait que 3. Dans cette pièce se tiennent deux Mercenaires qui chargent deux coffres sur une plate-forme mobile qui peut être hissée vers le haut à l'aide d'une grue pivotante et d'un palan et déposée sur une surface située à 6 m au-dessus. Une armoire haute de 2 m est adossée au mur ouest de la petite pièce. Deux longs javelots y sont appuyés.

Informations réservées au Maître
L'étrange bâtiment est le sous-sol d'une tour carrée. Son escalier conduit au rez-de-chaussée qui se trouve 6 m plus haut. Abstraction faite du réseau de grottes, la tour représente l'unique accès à la mine et permet un contrôle rigoureux des esclaves qui y travaillent. Le monte-charge du centre sert au transport des personnes et des marchandises. C'est par là que le personnel de garde descend dans la mine et les pièces d'argent nouvellement

frappées prennent le même chemin. Au bas de la tour les deux Mercenaires de garde ne sont pas faciles à surprendre. Dès qu'ils aperçoivent les héros, ils se saisissent aussitôt de leurs armes et tentent de les faire prisonniers. S'ils n'y parviennent pas, ils s'acharnent contre plus forts qu'eux. Leurs valeurs sont : CO 12, IN 9, AD 12 et FO 12, AT 10, PRD 8, EV 25, quand ils sont armés d'un glaive (1D + 2) et : CO 9, IN 10, CH 10, AD 12, FO 8, AT 10, PRD 8, EV 25 quand, voyant leurs forces diminuer, ils s'arment d'une hache de jet. Ils peuvent également se servir des lances appuyées contre l'armoire qui peuvent infliger 1D + 2 PI, mais seul le Maître en décide. Si les deux Mercenaires se trouvent engagés dans une lutte sans espoir, ils demandent à leurs collègues de les hisser par le monte-charge jusqu'à l'étage supérieur.
L'armoire adossée au mur est complétement vide, la porte au bout de l'escalier fermée. Elle ne peut être ouverte qu'avec la grosse clé à panneton du Troll de la salle n° 19.

Salle n° 22a : Rez-de-chaussée de la tour

Informations générales
Le rez-de-chaussée de la tour n'a pas des dimensions aussi imposantes que la cave. Elle a une surface de 5 m sur 5. Le mur nord est percé d'un portail de 1,50 m de large et 2,50 m de haut. Dans le mur sud, en face, on voit une porte de 1 m de large et 2 m de haut. Le portail peut être fermé à l'aide de deux battants de bois. Les portes sud et nord s'ouvrent sur l'air libre. La hauteur sous plafond de la salle est de 4 m. Au centre se trouve un trou carré de 4 m sur 4. Grâce à un palan, il permet le ravitaillement de la

mine. Dans la partie nord-est, tout à côté du portail, un escalier mène à l'étage au-dessus, d'abord vers l'est et, au bout de 1 m, vers le sud. Dans le mur ouest, à l'endroit précis où il rencontre le mur sud, se trouve une porte large de 1 m, derrière laquelle un escalier descend vers la cave. A l'extérieur de la tour, un bâtiment contigu de 2,50 m sur 1,50 m et 2,50 m de haut, derrière la porte, abrite l'escalier de la cave.

Informations particulières

Au rez-de-chaussée, deux Mercenaires veillent jour et nuit pour manœuvrer le monte-charge avec leurs collègues de la cave.

Informations réservées au Maître

Si des intrus pénètrent dans ce rez-de-chaussée, de quelque manière que ce soit, les Mercenaires les surprennent. Les valeurs de ces Mercenaires sont : CO 10, IN 12, CH 10, AD 13, FO 11, AT 10, PRD 9, EV 30, s'ils combattent à l'épée (1D + 4) et : CO 9, IN 13, CH 12, AD 11, FO 10, AT 10, PRD 8, EV 30, avec un sabre (1D + 3). Si les Mercenaires se sentent vaincus, ils prennent la fuite.

Dans le râtelier de l'angle nord-ouest se trouvent deux épées, un sabre (1D + 3), trois dagues, une masse d'armes, (1D + 5), une épée batarde (1D + 5), une hache de jet (1D + 3) et deux haches de guerre (1D + 4). Il contient en outre une cotte de mailles et une armure de chevalier. La trappe ouvrant sur le premier étage n'est pas verrouillée. Le fracas de la lutte attire le Capitaine hors de la salle n° 22b. Il surgit après 10 tours de jeu.

Salle n° 22b : Premier étage de la tour

Informations générales
C'est une pièce d'environ 5 m sur 5. Une porte s'ouvre à l'extrémité sud du mur ouest. La pièce est pourvue d'une armoire, d'une commode, d'un lit, d'une table, de trois chaises et d'une cheminée. Contre le mur nord, un escalier étroit conduit à l'étage supérieur situé à 3 m au-dessus.

Informations particulières
Un homme armé d'une épée et d'une dague est attablé dans la pièce. Il lit un parchemin.

Informations réservées au Maître
Cet homme est Wulf, le capitaine des Mercenaires de la tour. Il habite cette pièce et il est au service du comte Baldur. C'est un combattant acharné qui ne se rend que si l'ennemi se montre d'une supériorité écrasante. Ses valeurs sont : CO 13, IN 12, CH 12, AD 13, FO 14, AT 11, PRD 8, EV 35. Avec son épée il peut, grâce à sa Force Physique, infliger 1D + 6 Points d'Impact. Une cotte de mailles le protège. L'armoire et la commode abritent ses biens personnels : linge, livres, lettres, vivres et sa fortune enfermée dans une cassette : 7 pièces d'or et 38 pièces d'argent.

Salle n° 22c : Deuxième étage de la tour

Informations générales
Cette pièce de 5 m sur 5 comporte une petite fenêtre en forme de meurtrière dans chaque mur. Contre le mur nord, un escalier mène au troisième étage.

Salle n° 22d : Troisième étage de la tour

Informations générales
Pièce carrée de 5 m de côté coiffée du toit conique de la tour. Quatre fenêtres en forme de meurtrières dans chaque mur.
Si les héros parviennent à s'enfuir du secteur de garde et donc de la mine par la tour, ils gagnent 240 POINTS D'AVENTURE.

Salle n° 23 : Grande caverne latérale

Informations générales
Cette grande salle est une grotte naturelle de forme ovale. Les parois ne sont pas dégrossies, le sol est couvert d'éboulis. Il y règne une obscurité complète. Mais si les héros éclairent les lieux, ils voient que sa plus grande dimension nord-sud est d'environ 11 m, et est-ouest de plus de 8 m. La hauteur moyenne sous plafond est à peu près de 4 m. Le plafond est étonnamment lisse.

Informations particulières
Au nord-ouest de cette grotte, une sortie large de près de 2 m se poursuit assez exactement vers le nord. Au sud, elle comporte un mur de briques de 2 m que les héros ont enfoncé s'ils viennent de la mine ou qui est intact si les héros sont parvenus jusqu'ici par le réseau de grottes.

Informations réservées au Maître
En dehors d'une truelle de maçon jetée contre le mur de briques, il n'y a pas âme qui vive, si ce n'est quelques petits reptiles et insectes.

Salle n° 24 : Grotte des Chauves-Souris

Informations générales
Deux couloirs (l'un vient de la salle n° 23, la grande grotte latérale, un autre de la salle n° 25, la grotte des stalactites) se rencontrent et forment la vaste entrée d'une immense grotte, où l'on remarque des colonnes de pierre s'élevant du sol au plafond. La grotte est de forme allongée, elle a 14 m environ dans le sens nord-sud. Dans le sens est-ouest, elle a à peu près 7 m de large. Sa hauteur est de 5 à 7 m. Un courant d'air la parcourt. De l'angle nord-ouest émane une faible lumière.

Informations particulières
Le plafond de l'angle nord-ouest est percé d'une étroite cheminée qui semble naturelle, de 1 m de diamètre. Même un homme corpulent pourrait facilement s'y glisser. Mais atteindre l'ouverture est impossible, puisqu'elle est à plus de 2 m des murs et des colonnes et à 7 m au-dessus du sol. Rien à faire, même à l'aide de cordes, cela se voit au premier coup d'œil. Cette cheminée naturelle haute d'environ 10 m, se prolonge vers le haut par une faille du rocher, à travers laquelle tombe la lumière de l'aube. Dans la patie sud de la caverne on voit pendre au plafond des centaines de Chauves-Souris.

Informations réservées au Maître
Si les héros s'avancent bruyamment, les Chauves-Souris, qui ont adopté cette grotte comme dortoir et viennent justement de rentrer de leur expédition nocturne, s'envolent et se mettent à voleter craintivement entre les colonnes de pierre. Quelques-unes se dirigent d'instinct vers leur trou d'envol

qui est la cheminée du plafond, quelques autres, dans leur panique, attaquent les héros. Combien y en a-t-il ? Le Maître en décide en lançant deux dés (ce qui donne de 2 à 12 animaux agressifs). Ces Chauves-Souris (CO 10, EV 5, PR 0, AT 7, PRD 0, CM 3) occasionnent par leurs morsures 2 points de Blessure (voir les règles de combat particulières dans le chapitre : *Monstres Nouveaux*) et elles se battent à mort. Les autres se calment pendant ce temps ou fuient vers l'air libre par la cheminée. Si les joueurs cherchent bien pendant un tour de jeu, ils découvriront, sous la cheminée, dans un tas de feuilles à demi pourries, le squelette d'un Elfe qui s'est visiblement écrasé ici. Une phalange du squelette porte un anneau d'or orné de pierres précieuses. Son éclat fascinant a un pouvoir quasi hypnotique, car c'est un anneau magique qui, aux yeux de tous les êtres doués d'intelligence, transfigure celui qui le porte pendant sept tours de jeu. Il devient pour eux un être d'une

beauté et d'un attrait supraterrestre. Pendant ce laps de temps, celui qui porte l'anneau pourra éblouir tous les monstres, et toutes les épreuves de Charisme lui réussiront. Près du squelette se trouve une épée (1D + 4) qui vaut largement 200 pièces d'argent. Un peu plus loin gît, dans le feuillage, une bourse de cuir moisie. Contenu : 5 pièces d'or et 13 pièces d'argent.

Salle n° 25 : Caverne des stalactites

Informations générales
C'est une grotte piriforme humide dont qui du nord au sud, mesure au moins 13 mètres. D'est en ouest, elle fait à peine 10 m. Le plafond ne dépasse pas 5 m. La grotte est très sombre et l'air y stagne. Elle possède deux issues, l'une à l'est, l'autre à l'ouest. Un lac bordé de stalactites et de stalagmites en couvre la majeure partie. D'ailleurs il y en a aussi dans le lac et au-dessus.

Informations particulières
Les nombreuses stalactites et stalagmites empêchent d'embrasser la salle d'un coup d'œil. Le lac du milieu baigne le mur sud et s'étend presque jusqu'aux murs nord et ouest. Il en émerge des stalagmites qui permettent d'évaluer sa profondeur à 1 m ou 1,50 m. (L'eau sombre empêche de distinguer quoi que ce soit.) L'issue nord-est est obstruée par un gros filet sous lequel gisent les objets les plus divers : entre autres un corselet de fer et un casque à cornes, une épée rouillée dont la lame est brisée à une largeur de main de la poignée, des ossements d'animaux et d'êtres humains, une boucle de ceinture en argent et une gourde.

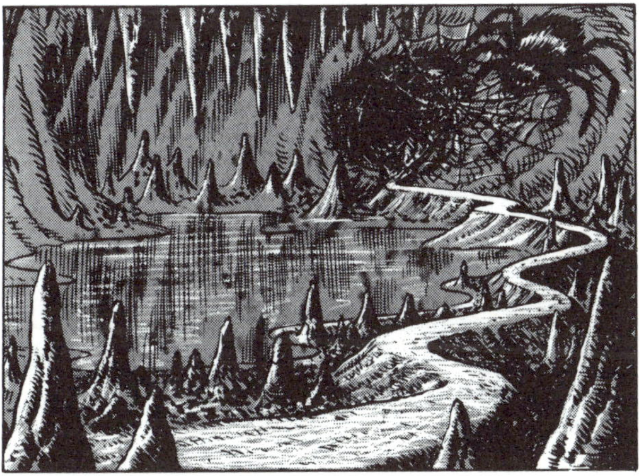

Informations réservées au Maître

On peut aussi sortir de la grotte par un troisième couloir, qui ne peut être aperçu ni de l'ouest, ni du nord-est, car il est masqué par deux stalagmites. Il se trouve au sud-est et continue en direction de l'est. Cette issue ne peut être décelée qu'en s'en approchant à 2 ou 3 m, c'est-à-dire en contournant le lac par l'ouest ou par le nord, ou en le traversant à gué. La partie sud du lac est plus profonde que le milieu. Derrière le filet situé au nord-est, une grosse Mygale des Cavernes guette ses victimes (CO 10, EV 30, PR 1, AT 8, PRD 0, CM 15). Ce monstre a 1,50 m de haut. Il est muni de pinces puissantes lui permettant d'infliger 1D + 3 Points d'Impact. Sa morsure est empoisonnée mais non mortelle pour les êtres humains. Elle provoque seulement pendant 1 tour de jeu une légère paralysie (- 2 sur AT et PRD). Quand le filet qu'elle tisse est agité ou, pis encore, détérioré, la Mygale sort de sa cachette et se jette sur ce qu'elle imagine être une proie. Pour atteindre l'issue, il faut tuer la Mygale et échapper à sa toile. Si on commence par s'attaquer au filet (par exemple en tendant de le percer d'une épée), on reste accroché aux fils solides et collants pendant 4 tours de jeu. Il faut pourtant porter 25 Points d'Impact au filet avant de pouvoir le détruire. La Mygale jaillit de sa cachette au bout de 1 tour de jeu. Les héros qui sont pris au filet ou qui y sont retenus par leur arme, se voient infliger des Points d'Impact pendant 2 tours de jeu, car ils sont sans défense. Elle combat jusqu'à la mort. La boucle d'argent de l'une des victimes de la Mygale vaut 12 pièces d'argent. La gourde est pleine d'un élixir qui s'est altéré au cours du temps. Il augmente leur Force Physique de 3 points (au lieu des 7 antérieurs) pendant 7 tours de jeu.

Salle n° 26 : Caverne des Ours

Informations générales

C'est une vaste caverne de forme allongée s'étendant du nord au sud de la précédente. Elle comporte une petite excavation à l'est et, au sud de celle-ci, une autre plus grande, en face de laquelle, sur le mur ouest, pointe une avancée de rocher de 2 m sur 2. La grotte possède deux issues, chacune ayant 2 m de large, une au nord, l'autre au sud-ouest. Cette caverne a plus de 20 m de long et mesure en largeur jusqu'à 10 m. Avec ses 4 m de hauteur, c'est une des grottes les plus basses du réseau. On n'y voit goutte, et près des excavations une odeur âpre vous pique le nez.

Informations particulières
Quand les héros approchent des grandes excavations du mur est, ils peuvent discerner à la lueur de leurs lampes ou de leurs torches le gîte d'un gros animal. Quantité d'herbe et de feuillage a été accumulée en tas et un grand nombre d'ossements d'animaux et de crânes blanchis jonchent le sol.

Informations réservées au Maître
Tandis que les héros inspectent le repaire de l'animal, un grand Ours des Cavernes, arrive du nord à pas feutrés. Jusqu'ici il s'était tenu dissimulé dans la plus petite des deux excavations. (Il se trouve dans la plus grande et arrive du sud si les héros pénètrent dans la grotte par le nord.) Cet animal est un spécimen adulte de l'espèce (CO 12, EV 50, PR 2, AT 8, PRD 7, CM 20), à chaque tour de jeu il assaille les héros avec ses grosses pattes de devant (1D pour chaque patte). Toute intrusion l'irrite, mais il ne poursuit pas le trouble-fête quand celui-ci fuit. En revanche, pour franchir la caverne, il faut passer devant l'Ours, ce n'est possible que sur son cadavre. La grotte ne contient pas d'objets de valeur.

Salle n° 27 : Grotte du Lucane Géant

Informations générales
La grotte est à peu près ronde, de 9 à 10 m de diamètre. Sur la paroi nord pointent deux dents rocheuses aiguës. A l'est, deux issues. L'une mène au nord-est, c'est un couloir naturel de 2 m de large qui continue dans la même direction. Au sud-est s'ouvre un couloir artificiel de 2 m de large derrière une porte en

bois dissimulée, de l'autre côté, sous une couche de terre et de cailloux. La caverne a 4 à 5 m de hauteur, un flambeau y brûle sur la paroi est.

Informations particulières

Le sol de la grotte est curieusement constitué d'une épaisse couche d'humus. Sa seule particularité est un grand trou à 4 mètres au moins du mur ouest, au milieu de la salle. A une certaine distance, plus de 3 m, rien de suspect n'apparaît. La grotte semble complètement vide.

Informations réservées au Maître

Le trou du sol constitue l'accès au terrier d'un Lucane Géant. Ce belliqueux gaillard a 1,50 m de long et il possède deux pinces extrêmement puissantes. Si les héros l'approchent trop, ou s'ils prétendent franchir la grotte et se sauver par la sortie nord-est, il se précipite hors de son gîte pour les attaquer. CO 13, EV 40, PR 4, AT 8, PRD 5, CM 16. A chaque assaut il peut, avec chacune de ses pinces, infliger 1D Points d'Impact. Les héros peuvent tenter de cerner l'ennemi. Cela exige un combat de 2D + 5 assauts.
Le Lucane Géant possédant une puissante armure en chitine est non seulement bien protégé, mais capable de faire grand bruit au cours du combat. Le Maître lancera son dé, tous les 5 assauts, pour établir si ce bruit attire les occupants des cavernes avoisinantes. S'il fait 1 ou 2, c'est effectivement le cas. Un Néanderthalien surgit (CO 11, EV 30, PR 1, AT 10, PRD 6, CM 12) brandissant sa hache de guerre (1D + 3), pour intervenir dans la lutte.

Salle n° 28 : Camp des Néanderthaliens

Informations générales

Devant les héros s'étend une caverne d'une largeur presque partout inférieure à 5 m et haute d'à peine 3 à 4 m, en direction nord-sud. Au sud-est débouche un couloir d'à peine 2 m de large qui tourne vite vers le sud-ouest. Au nord, à 12 m de distance, un couloir de 2 m de large sort directement de la caverne et en rencontre un autre, au bout de quelques mètres, qui part en direction nord-est. A l'angle sud-ouest brûle un feu qui éclaire la grotte.

Informations particulières

Si le fracas des armes n'a pas attiré un Néanderthalien dans la grotte n° 27, il y en a deux ici équipés d'armes de l'âge de pierre. Sinon il n'en reste qu'un. Quel qu'en soit le nombre, ils sont accroupis près d'un feu à l'angle sud-ouest de la grotte, occupés à rôtir à la broche un gros morceau de viande. La fumée s'échappe par une fente du plafond.

Informations réservées au Maître

S'il n'y a dans la grotte qu'un Néanderthalien, celui-ci prend la fuite à la vue des héros et tente de gagner la grotte n° 29 et d'y rejoindre le Dragon car il possède une clé de sa prison. S'il y a deux Néanderthaliens, ils s'opposent de toutes leurs forces aux envahisseurs (CO 11, EV 30, PR 1, AT 10, PRD 6, CM 12). La puissante hache en pierre de l'un et la lourde lance du second causent chacune 1D + 3 Points d'Impact. Les Néanderthaliens sont, d'une part, les maîtres du Lucane Géant de la grotte n° 27, qu'ils entretiennent presque comme un animal domestique et nourrissent de déchets, d'autre part, les gardiens du Dragon détenu dans la grotte n° 29. Si les deux combattants se sentent menacés de mort, ils tentent de chercher leur salut en fuyant et en alertant leurs confrères de la salle n° 17. Les Néanderthaliens, notez-le bien, sont les seuls êtres du réseau de grottes sur lesquels puisse agir l'anneau magique de la salle n° 24. A côté du foyer se trouve une flûte.

Salle n° 29 : Grande salle

Informations générales
Cette grande grotte a un plan irrégulier. Dans sa plus grande dimension elle mesure 18 m d'ouest en est. Du nord au sud, sa largeur moyenne est de 9 m. Cette caverne est très vaste et haute (jusqu'à 7 m). Sa partie ouest est éclairée par la lumière du jour. Le sol est constitué de rocailles couvertes en maints endroits d'une couche d'humus et de feuilles.

Informations particulières
La grotte présente deux assez grandes excavations et trois accès. L'accès du sud a bien 5 m et donne dans un réseau de grottes en direction du sud-ouest. L'accès de l'est débouche dans l'excavation qui s'y trouve, il est fermé par une lourde porte de chêne. Une assez grande excavation au nord-est de la grotte est séparée du reste de la grotte par une grille de fer. Derrière cette grille vit un effroyable monstre en forme de Dragon à huit pattes, avec une longue queue et un mufle de crocodile. Tout au nord-ouest, un troisième passage de 3 à 4 m conduit en quelques mètres à l'air libre. Par l'ouverture on aperçoit un petit vallon planté d'arbres et de buissons touffus.

Informations réservées au Maître

L'accès sud de la grotte est barré par un piège. Il consiste en une corde tendue à 15 cm du sol. Celui qui trébuche sur cette corde déclenche la chute de deux blocs de rocher, qui tombent de la paroi, à droite et à gauche. Il y a une chance sur deux (1 à 3 pour un lancer de dé) pour qu'ils provoquent de 1 à 6 points de Blessure sur les téméraires qui s'y risquent. Ces rochers ne peuvent toutefois atteindre que deux personnes au maximum. En outre, le déclenchement de la chute avertit les Néanderthaliens de la salle n° 17, qui accourent aussitôt pour voir ce qui se passe et mettre bon ordre à la chose. Le monstre qui se trouve dans la cage est un Dragon (CO 20, EV 50, PR 4, AT 7, PRD 5, CM 50). Il peut attaquer deux fois par tour de jeu et dispose de trois formes d'attaques. Sa morsure cause 2D Points d'Impact, un coup de queue 1D, et un coup de griffes également 1D. Sa longue détention a exaspéré le Dragon, il se jette sur tout ce qu'il rencontre, sauf sur les Néanderthaliens qui l'ont dressé et dont il est devenu le chien de garde. Dans ce travail de dressage, la flûte de la salle n° 28 a joué un grand rôle. Il suffit d'en jouer un air pour calmer le Dragon. Si le Dragon est libéré de sa prison et qu'il assaille les héros, les Néanderthaliens présents restent passifs, à moins que les héros n'aient le dessus. Si le Dragon est calmé par un air de flûte, les Néanderthaliens présents deviennent fous furieux et ils se jettent sur les héros. Pour leurs armes, voir salle n° 17 et caverne n° 28.

Si les héros parvenaient à s'enfuir du réseau de grottes par cette salle, ils se verraient attribuer 200 POINTS D'AVENTURE.

Salle n° 30 : Grotte d'entrée

Informations générales
Cette grotte est de forme irrégulière, avec une excavation arrondie à l'est et une autre plutôt rectangulaire au sud-ouest. Elle présente deux accès. L'un d'eux, au sud-est, large de 2 m, conduit au réseau de grottes est ; l'autre, au nord-ouest large d'environ 3 m, mène à l'air libre. La plus grande dimension nord-sud est de 18 m environ, la plus grande dans le sens ouest-est, de 14 m à peine. Il y a entre 4 et 5 m de hauteur sous plafond.

Informations particulières
Si on se tient à l'entrée de la grotte, on découvre une pente à pic couverte d'une épaisse végétation. L'entrée de la grotte, encadrée de buissons, se trouve à la hauteur des cimes d'arbres feuillus et résineux qui poussent 8 à 10 m plus bas dans la vallée. La partie est de la grotte est occupée par une famille de Sangliers. Une faible lumière baigne l'excavation ouest. Le sol de la grotte est fait d'une couche d'humus trouée, çà et là, de rochers.

Informations réservées au Maître
Dans l'excavation ouest se tiennent en permanence quatre Sangliers (CO 15, EV 20, PR 2, AT 8, PRD 0, CM 8) et sept Marcassins. Un des Sangliers est un énorme mâle qui peut infliger avec ses défenses 1D + 2 Points d'Impact, tandis que les autres ne vont que jusqu'à 1D + 1 Point d'Impact. Si les Sangliers sont dérangés par des intrus, ils passent immédiatement à l'attaque. Si deux des Sangliers succombent, dont le vieux mâle, les

autres prennent la fuite avec les Marcassins, en dévalant la pente.
L'angle nord-ouest de l'autre excavation (ouest) est un repaire de Bandits. Dans un trou du mur vous trouverez, au prix d'une recherche minutieuse (au moins 1 tour de jeu), une cassette de joyaux qui contient une broche en or ornée d'un rubis, deux bracelets d'argent d'une valeur de 2 pièces d'or chacun et une agrafe d'or d'une valeur de 3 pièces d'or. Si les héros parviennent à franchir cette grotte et à quitter le réseau des cavernes, on leur attribuera 160 POINTS D'AVENTURE.

Monstres nouveaux

Homme-Salamandre
(ou Homme-Lézard)

Les Hommes-Salamandres appartiennent en fait au genre humanoïde, c'est-à-dire qu'ils ont l'apparence extérieure d'un humain, mais ils possèdent en outre des traits de sauriens. Leur corps est entièrement recouvert d'écailles, ils ont une longue queue, sur laquelle ils peuvent prendre appui et qu'ils utilisent à l'occasion comme une arme. Une crête en dents de scie va de leur crâne à la pointe de leur queue. Tout Homme-Salamandre possède des griffes sur ses pattes palmées et une tête à l'apparence vaguement humaine, malgré son aspect anguleux.

Les Hommes-Salamandres marchent debout et atteignent à peu près la taille humaine.

Les Hommes-Salamandres séjournent de préférence dans les régions marécageuses ou humides. Quelques tribus plus évoluées vivent dans des huttes ou des cavernes qui ne sont pas forcément sous l'eau. Les Hommes-Salamandres respirent au moyen de poumons mais ils peuvent rester longtemps sous l'eau. Ils sont armés le plus souvent de massues ou de lances, mais ce ne sont pas des lutteurs acharnés. Les spécimens de notre aventure sont des membres d'une tribu évoluée qui ont été recrutés par les Mercenaires du comte Baldur comme auxiliaires.

Valeurs :

Courage	7	Attaque	8
Energie Vitale	15	Parade	7
Protection	3	Points d'Impact	1D + 2

Classe de monstre 7

Chauve-Souris

La Chauve-Souris est un petit mammifère volant, aux grandes oreilles et aux ailes ayant la texture du cuir. Elles se caractérisent par leur aptitude à éviter les obstacles grâce à un système de radar sensible aux ultrasons. Les Chauve-Souris sont des animaux nocturnes qui redoutent la lumière et le feu. La nuit, elles chassent les insectes. Elles retournent à l'aube vers leurs lieux de sommeil qui se trouvent souvent dans de vieilles bâtisses ou des grottes. Elles s'y suspendent au plafond, la tête en bas, et y dorment tout le jour. Les Chauves-Souris se déplacent en groupes de quelques douzaines à plusieurs centaines.
La Chauve-Souris commune (d'une envergure d'environ 30 cm) ne présente guère de danger pour l'homme, mais la Chauve-Souris Géante ou Chauve-Souris Vampire est une bête suceuse de sang d'une envergure pouvant atteindre 1 m, elle blesse cruellement par sa morsure, tout spécialement parce qu'elle transmet des maladies contagieuses.

Règles particulières de combat
Avec les Chauves-Souris, des règles de lutte spéciales

s'imposent. Comme elles ne peuvent pas percer de leurs dents les épais vêtements ou les cuirasses, elles ne mordent que les parties non protégées du corps de leurs victimes. Quand une Chauve-Souris réussit à mordre (Attaque réussie et Parade de la victime ratée), les Points d'Impact seront directement déduits de l'Energie Vitale de la victime. Son armure ne lui aura pas servi de Protection contre les agiles bestioles. Les Points d'Impact ne sont pas tirés aux dés mais fixés d'avance.

Valeurs Chauve-Souris/Chauve-Souris Géante :

Courage	5/10	Attaque	5/7
Energie Vitale	2/5	Parade	0/0
Protection	0/0	Points d'Impact	1/2

Classe de monstre 1/3

Ours des Cavernes

Les Ours constituent une espèce animale très répandue dans le pays d'Aventurie. Les variétés les plus fréquentes sont l'Ours brun et l'Ours noir. Dans les régions septentrionales ou en haute montagne, au-dessus de la limite des neiges éternelles, on rencontre aussi à l'occasion un Ours blanc. Un des plus gros exemplaires de l'espèce est l'Ours des Cavernes. Contrairement à ses cousins qui hantent les forêts et les montagnes, il vit presque exclusivement dans des souterrains. Lorsqu'il se dresse sur ses pattes arrière, il peut mesurer 2,50 m et peser près de 500 kg. C'est un animal omnivore. Il ne se montre pas particulièrement agressif. Cependant, si on l'excite, il devient un adversaire redoutable. Il attaque en général avec ses grosses pattes antérieures. L'Ours des

Cavernes est un solitaire qu'on rencontre rarement en compagnie de congénères. On le reconnaît assez facilement grâce à sa fourrure grise souvent hirsute et à ses gros yeux.

Valeurs :

Courage	12	Attaque	8
Energie Vitale	50	Parade	7
Protection	2	Points d'Impact	2D
		(1 D par patte de devant)	

Classe de monstre 20

Gnome des Cavernes

Le Gnome des Cavernes est un petit représentant de la famille des Génies. Il ne faut pas confondre cette créature rondelette de 1 m de haut avec le Génie des Forêts ou Sylvain qui est deux fois plus grand. Ils n'ont en commun que leur peau gris-brun crevassée et tannée et leur large mufle. Tandis que le Sylvain vit à l'air libre, se considère comme le maître des forêts et rôde, solitaire, dans les sous-bois, on rencontre le Gnome des Cavernes en troupes nombreuses dans les cavernes ou les terriers souterrains. Il est de tempérament plutôt affable. Il a le nez épaté, un ventre rond et des jambes torses. Généralement, les Gnomes des Cavernes sont vêtus d'un pagne de cuir et difficilement discernables en raison de leur couleur identique à celle de l'environnement. En dépit de leur caractère flegmatique, les Gnomes des Cavernes sont de passionnés bâtisseurs de tunnels. Ils construisent d'immenses labyrinthes. Jadis ils creusaient avec leurs mains armées de griffes mais, depuis qu'ils ont été en contact avec des êtres intelligents, ils emploient aussi des outils tels que pelles et pioches. Depuis, leur intelligence s'est également fortement développée et ils peuvent même s'exprimer dans un langage humain. Les Gnomes des Cavernes qu'on rencontre dans cette aventure ont été contraints au travaux des mines par le comte Baldur.

Valeurs :

Courage	5	Attaque	6
Energie Vitale	12	Parade	5
Protection	1	Points d'Impact	1D
			(ou petite arme)

Classe de monstre 5

Mygale des Cavernes

C'est une Araignée Géante relativement rare qui vit de préférence dans les grottes et souterrains, plus rarement dans les fentes des rochers. Elle tisse sa toile et attend qu'une proie s'y prenne. Souvent, la Mygale ne demeure pas dans sa toile tendue horizontalement ou verticalement. Son diamètre pouvant atteindre 1,50 m elle a en effet un poids considérable et finirait par en endommager la texture. Les huit pattes velues de ce monstre sont puissantes et de longueur moyenne, son corps couvert de fourrure est presque toujours noir. Sa tête présente de puissantes machoires au-dessous des yeux sphériques à facettes. La morsure de la Mygale des Cavernes est empoisonnée. Elle provoque une paralysie qui n'est que de brève durée chez les êtres d'assez grande dimension mais tue les animaux plus petits. Celui qui se prend dans son filet sans posséder au minimum une Force Physique égale à 15 reste accroché aux fils pendant au moins 3 tours de jeu.

Valeurs :

Courage	10	Attaque	8
Energie Vitale	30	Parade	0
Protection	1	Points d'Impacts	1D + 3 + poison

Classe de monstre 15

Néanderthalien

Les Néanderthaliens sont des hommes des cavernes préhistoriques d'aspect trapu et à ossature grossière. Ils atteignent jusqu'à 1,60 m et ont un aspect très primitif avec leur menton proéminent, leur front fuyant et leur corps couvert de poils abondants. Leur intelligence est loin d'atteindre celle d'un homme normal et ils ne sont pas capables de se servir d'armes complexes. Aussi, utilisent-ils essentiellement des haches grossières, des massues et des matraques de bois. On rencontre parfois des spécimens de Néanderthaliens plus évolués portant des haches de pierre et des lances à pointe de silex. Ils sont vêtus de peaux de bêtes. Le Néanderthalien est un peu plus fort et aussi courageux que l'homme, mais il est privé de toute agilité ou finesse. Il a le don d'apprivoiser facilement les bêtes sauvages et il sait suivre leurs traces. Les Néanderthaliens de notre aventure ont été recrutés par les Mercenaires du comte Baldur qui les ont préposés à la garde du réseau des grottes.

Valeurs :

Courage	11	Attaque	10
Energie Vitale	30	Parade	6
Protection	1 ou 2	Points d'Impact	1D + 3

Classe de monstre 12

Rat

Les Rats sont des rongeurs qui représentent une véritable calamité pour un certain nombre de régions de l'Aventurie où ils font des ravages. Il y en a différentes espèces. La plus répandue est le Rat commun. Il atteint généralement 20 à 30 cm de long, sa fourrure est de couleur noire, grise, brune ou plus rarement, blanche. Les Rats sont des omnivores. Ils se plaisent à creuser des trous et des galeries et arrivent ainsi à passer au travers de matériaux tels que le bois et le grès. On ne les voit presque jamais seuls, mais en bandes, qui réunissent souvent une douzaine de bestioles, mais peuvent être plus ou moins nombreuses. Celui qui est mordu par un Rat risque d'être infecté par une maladie. Le risque d'infection est de 10 %. Les Rats-Loups qui peuvent atteindre 0,50 m, habitent, comme leurs menus cousins, les ruines, les cimetières et les grottes. Leur morsure est plus dangereuse et transmet également des maladies.

Règles particulières de combat
La lutte contre les Rats doit obéir à des règles spéciales. Ces animaux ne pouvant transpercer ni un bon vêtement ni une armure, avec leurs dents, ils s'attaquent toujours à des zones non protégées du corps de leur victime. Si un Rat réussit à mordre

(Attaque réussie, la Parade de la victime manquée), les points de Blessure sont retranchés directement de l'Energie Vitale de la victime car son armure ne la protège nullement contre ces animaux agiles. Les Points d'Impact ne seront pas déterminés par les dés. Ils sont fixés d'avance.

Valeurs Rats/Rats-Loups :

Courage	10/11	Attaque	5/7
Energie Vitale	3/5	Parade	0/0
Protection	0/0	Points d'Impact	2/3

Classe de monstre 2/4

Lucane Géant

Le Lucane Géant est un spécimen monstrueusement grossi du Lucane commun. Cet animal peut atteindre 1,50 m. Il vit dans des cavernes, dans la forêt, dans des réseaux de grottes et de souterrains. De son gîte, le Lucane Géant part patrouiller dans les environs. Il se nourrit de petits mammifères, mais montre une préférence pour les légumes et les céréales. Aussi est-il redouté comme la peste par les paysans qui cherchent à l'exterminer sans pitié. En plein champ, le Lucane Géant fuit l'homme, mais s'il est attaqué, il se bat comme un possédé avec ses puissantes tenailles. Dans la lutte son épaisse cuirasse de chitine le protège. Dans son gîte ou son terrier, il attaque tout ce qui bouge. Les mâles s'affrontent souvent en duel avec leurs puissantes pinces. Les Lucanes Géants sont souvent des solitaires. Leur vue est faible, et ils n'entendent guère. En revanche, leur odorat est particulièrement fin et ils réagissent aux chocs les plus imperceptibles. Dans de rares cas, les Lucanes Géants peuvent être domestiqués

Valeurs :

Courage	13	Attaque	8
Energie Vitale	40	Parade	5
Protection	4	Points d'Impact	2D (1D par pince)

Classe de monstre 16

Sanglier

Son espace vital est constitué par les forêts, les marais, les friches accidentées. Les Sangliers se déplacent en hordes menées par un mâle. Une horde se compose de 10 à 20 membres dont les trois quarts sont normalement des marcassins nés dans l'année ; les autres sont des laies. Les Sangliers sont omnivores. Ils vivent surtout la nuit : le jour on les rencontre rarement mais, la nuit, ils rôdent dans la campagne et dévorent tout ce qu'ils trouvent. Ils sont bêtes et têtus et, soudain pris de rage, ils attaquent les hommes ; les mâles sont les plus hardis. Avec leurs défenses ils peuvent blesser cruellement tout adversaire qui ne parviendrait pas à se sauver, en grimpant sur un arbre par exemple. Les plus grands spécimens atteignent 200 kg, aussi sont-ils de redoutables adversaires, même pour des Guerriers expérimentés. Souvent les Sangliers envahissent les champs cultivés et y dévorent plantes et récoltes. A l'inverse, ils représentent pour bien des habitants du pays d'Aventurie un menu de choix...

Valeurs :

Courage	15	Attaque	8
Energie Vitale	20	Parade	0
Protection	3	Points d'Impact	1D + 2

Classe de monstre 8

Héros prédéterminés par les dés

1. Compère Karolus
CO 10, IN 11, CH 10, AD 11, FO 11, AT 10, PRD 8.
Porte une cotte matelassée (PR + 2), possède silex, amadou et briquet.

2. Jasmine Karolus
CO 13, IN 10, CH 12, AD 12, FO 8, AT 10, PRD 8 (malus de – 1 par Point d'Impact).
Porte des vêtements normaux (PR + 1).

3. Axel le Fort
CO 11, IN 9, CH 12, AD 8, FO 13, AT 10, PRD 7 (bonus de + 1 par Point d'Impact).
Porte une cotte matelassée (PR + 2).

4. Jehan de Buch
CO 9, IN 12, CH 9, AD 8, FO 12, AT 9, PRD 8.
Porte des vêtements normaux (PR + 1) et a sur lui un couteau (1D).

5. Dirk Daske
CO 10, IN 11, CH 11, AD 12, FO 10, AT 10, PRD 8.
Porte une cotte matelassée (PR + 2).

6. Olaf Daske
CO 13, IN 12, CH 12, AD 9, FO 11, AT 10, PRD 8.
Porte une cotte matelassée (PR + 2) et a sur lui silex, amadou et briquet.

7. Ralph Tukker
CO 11, IN 11, CH 9, AD 10, FO 9, AT 10, PRD 8.
Porte des vêtements normaux (PR + 1).

8. Stéphane Gisors
CO 9, IN 9, CH 12, AD 13, FO 13, AT 10, PRD 9 (bonus de + 1 par Point d'Impact).
Porte des vêtements normaux (PR + 1) et a sur lui un couteau (1D).

9. Liliane Garje
CO 12, IN 8, CH 12, AD 10, FO 9, AT 10, PRD 8.
Porte des vêtements normaux (PR + 1).

10. Althea la danseuse
CO 10, IN 12, CH 13, AD 11, FO 8, AT 10, PRD 8 (pénalité de – 1 par Point d'Impact).
Porte des vêtements normaux (PR + 1) et a sur elle un poignard (1D + 1).

11. Miralda Sevillana
CO 8, IN 13, CH 9, AD 10, FO 11, AT 10, PRD 8.
Porte des vêtements normaux (PR + 1).

12. Kliss van Havena
CO 9, IN 12, CH 12, AD 9, FO 10, AT 10, PRD 8.
Porte des vêtements normaux (PR + 1) et a sur elle silex, briquet et amadou.

13. Torlok le Rouge
CO 9, IN 10, CH 9, AD 12, FO 13, AT 10, PRD 8 (bonus de + 1 par Point d'Impact).
Porte des vêtements normaux (PR + 1) et a sur lui amadou, briquet et silex.

14. Shendor Akkad
CO 8, IN 13, CH 12, AD 9, FO 12, AT 10, PRD 8.
Porte des vêtements normaux (PR + 1) et a sur lui un couteau (1D).

15. Barthélemy Crochenaze
CO 9, IN 9, CH 8, AD 8, FO 9, AT 9, PRD 8.
Porte des vêtements normaux (PR + 1) et a sur lui un poignard (1D + 1).

16. Carascan l'Africain
CO 10, IN 9, CH 12, AD 13, FO 9, AT 10, PRD 9.
Porte des vêtements normaux (PR + 1).

17. Tharn le Taciturne
CO 12, IN 10, CH 10, AD 13, FO 11, AT 11, PRD 8.
Porte des vêtements normaux (PR + 1).

18. Aidan Dorc
CO 8, IN 11, CH 10, AD 9, FO 13, AT 10, PRD 8 (bonus de + 1 par Point d'Impact).
Porte une cotte matelassée (PR + 2) et a sur lui un couteau (1D).

19. Konrad Brynnet
CO 11, IN 13, CH 8, AD 8, FO 8, AT 10, PRD 7 (pénalité de – 1 par Point d'Impact).
Porte une cotte matelassée (PR + 2) et a sur lui silex, briquet et amadou.

20. Bresto Baixas
CO 10, IN 9, CH 11, AD 11, FO 13, AT 10, PRD 8 (bonus de 1 par Point d'Impact).
Porte une cotte matelassée (PR + 2).

Les valeurs d'Attaque et de Parade sont indiquées en tenant compte des bonus ou des pénalités pour qualités exceptionnellement basses ou élevées :

Pour une Adresse égale à 8, on retire 1 point de l'Attaque ou de la Parade selon la note de Courage :
Courage compris entre 8 et 10, la pénalité de 1 point s'applique à l'Attaque.
Courage compris entre 11 et 13, la pénalité s'applique à la Parade.

Pour une Adresse égale à 13, on procède de même : Courage compris entre 8 et 10, on ajoute 1 point à la note de Parade.
Courage compris entre 11 et 13, on ajoute 1 point à la note d'Attaque.

Abréviations essentielles

CO : Courage
IN : Intelligence
CH : Charisme
AD : Adresse
FO : Force Physique
EV : Energie Vitale
PR : valeur de Protection
AT : valeur d'Attaque
PRD : valeur de Parade
PI : Point d'Impact
BL : point de Blessure
PV : POINT DE VIE
PA : POINT ASTRAL
PAV : POINT D'AVENTURE
CM : classe de monstre.

Les Points d'Impact sont obtenus avec un lancer de dé.
D : dé à 6 faces
D20 : dé à 20 faces.

COLLECTION FOLIO JUNIOR

DÉJA PARUS

Allan, Ted
Histoire d'un souricureuil

Andersen, Hans Christian
La reine des neiges
La vierge des glaciers

Anonymes
Ali Baba et les quarante voleurs
Aventures du baron de Münchhausen
Histoire d'Aladdin ou la lampe merveilleuse
Histoire de Sindbab le marin
Le petit bossu
Le roman de Renart *Tome 1*

Asturias, Miguel Angel
L'homme qui avait tout tout tout

Aymé, Marcel
Les bottes de sept lieues
Les contes bleus du chat perché
Les contes rouges du chat perché

Bédollière, Émile de la
Histoire de la Mère Michel et de son chat

Beecher-Stowe, Harriet
La case de l'Oncle Tom

Bonheur, Gaston
Tournebelle

Borodine, Léonide
L'année du miracle et de la tristesse

Bosco, Henri
L'âne culotte
L'enfant et la rivière

Brissac, Elvire de
Grabuge et l'indomptable Amélie

Buisson, Virginie
L'Algérie ou la mort des autres

Burnett, Frances Hudges
Le petit lord Fauntleroy

Buzzati, Dino
Le chien qui a vu Dieu
La fameuse invasion de la Sicile par les ours

Campbell, Reginald
Sa majesté le tigre

Camus, William
Les oiseaux de feu et autres contes peaux-rouges

Capote, Truman
L'invité d'un jour

Carroll, Lewis
Alice au pays des merveilles
De l'autre côté du miroir et ce qu'Alice y trouva

Cendrars, Blaise
Petits contes nègres pour les enfants des Blancs

Chaillou, Michel
La vindicte du sourd

Colum, Padraïc
Le fils du roi d'Irlande

Cooper, James Fenimore
Le dernier des mohicans

Coué, Jean
L'homme de la rivière Kwaï
Kopoli le renne guide

Dahl, Roald
Charlie et la chocolaterie
Charlie et le grand ascenseur de verre
Les deux gredins
L'enfant qui parlait aux animaux
Fantastique Maître Renard
James et la grosse pêche
La potion magique de Georges Bouillon

Daudet, Alphonse
La dernière classe et autres contes du lundi
Lettres de mon moulin
Le petit chose
Tartarin de Tarascon

Déon, Michel
Thomas et l'infini

Dhôtel, André
L'enfant qui disait n'importe quoi
Le pays où l'on n'arrive jamais

Dickens Charles
La vie de N.-S. Jésus-Christ
Le grillon du foyer

Escoula, Yvonne
Six chevaux bleus

Fallet, René
Bulle, ou la voix de l'océan

Faulkner, William
L'arbre aux souhaits

Fon Eisen, Anthony
Le prince d'Omeyya

Forsyth, Frederik
Le berger

Frère, Maud
Vacances secrètes

Gamarra, Pierre
Six colonnes à la une

Garrel, Nadine
Au pays du grand condor
Les Princes de l'Exil

Gautier Théophile
Le roman de la momie

Gilbreth, Frank et Ernestine
Treize à la douzaine

Golding, William
Sa majesté des mouches

Gordon, Donald
Alerte à Mach 3

Grandville
Un renard pris au piège

Grimm
Hans-mon-hérisson *et treize autres contes*
Les trois plumes *et douze autres contes*

Gripari, Pierre
La sorcière de la rue Mouffetard *et autres contes de la rue Broca, t. I*
Le gentil petit diable *et autres contes de la rue Broca, t. II*

Guillot, René
Sama prince des éléphants

Halévy, Dominique
L'enfant et l'étoile

Hatano Isoko et Hatano Ichirô
L'enfant d'Hiroshima

Held, Jacqueline
Le chat de Simulombula

Hemingway, Ernest
Le vieil homme et la mer

Hickok, Lorena
L'histoire d'Helen Keller

Hines, Barry
Kes

Jackson, Steve
La Citadelle du Chaos
La Galaxie Tragique

Jackson, Steve et
Livingstone, Ian
Le Sorcier de la Montagne de Feu

Jacob, Max
Histoire du roi Kaboul Ier et du marmiton Gauwain *suivi de* **La couronne de Vulcain**

Jayez, Renée
Guemla des collines

Kästner, Erich
La conférence des animaux
Les gens de Schilda

Kemal, Yachar
Le roi des éléphants

Kessel, Joseph
Le lion
Le petit âne blanc
Une balle perdue

Kipling, Rudyard
Histoires comme ça
Le livre de la jungle

Kis, Danilo
Chagrins précoces

Korczak, Janusz
Le roi Mathias Ier
Tome I, Tome II

La Fontaine, Jean de
Le loup et l'agneau et autres fables

Lansing, Alfred
Les rescapés de l'endurance

Laureillard, Rémi
Fred le nain et Maho le géant
Une fée sans baguette

Le Clézio, J.M.G.
Celui qui n'avait jamais vu la mer
Lullaby

Leroy, Eugène
Jacquou le Croquant

Leuse, Claude de
La Belle et le Feijao

Livingstone, Ian
La Cité des Voleurs
La Forêt de la malédiction
L'Ile du Roi Lézard
Le Labyrinthe de la Mort

London, Jack
L'Amour de la vie
suivi de **Négore le Lâche**
L'appel de la forêt
Croc-Blanc
Le loup des mers
Le mouchoir jaune
Un petit soldat

Mac Orlan, Pierre
L'ancre de miséricorde
Les clients du Bon Chien Jaune

Malineau, Jean-Hugues
La tue-mouche

Malot, Hector
En famille, *t. I*
En famille, *t. II*
Sans famille, *t. I*
Sans famille, *t. II*

Manceron, Claude
Austerlitz
Le citoyen Bonaparte

Massepain, André
L'île aux fossiles vivants

Maurois, André
Patapoufs et Filifers

Ménard, Jean-François
L'île du Dieu maussade
Le voleur de chapeaux

Mirman, Louis
Le silex noir

Monfreid, Henri de
Abdi, enfant sauvage

Mörike, Eduard
Un voyage de Mozart à Prague

Neil, A.S.
Le nuage vert

Norton, Mary
Tous les géants sont-ils bien morts ?

Ollivier, Jean
Histoire du gaillard d'avant

Pef
La grande aventure du livre

Pelot, Pierre
Sierra brûlante

Pergaud, Louis
La guerre des boutons

Perrault, Charles
Contes de ma mère l'Oye

Peyramaure, Michel
La vallée des mammouths

Prévert Jacques
Contes pour enfants pas sages
Lettres des îles Baladar

Price, Willard
Pièges dans la jungle
Pièges sous le Pacifique

Renard, Jules
Poil de carotte

Roy, Claude
Enfantasques
La maison qui s'envole
Le chat qui parlait malgré lui

Saint-Exupéry, Antoine de
Le petit prince

Saint Luc
Évangile selon saint Luc

Sand, George
Histoire du véritable Gribouille

Scott, Walter
Ivanhoé, *t. I*
Ivanhoé, *t. II*

Ségur, Comtesse de
L'auberge de l'Ange-Gardien
François le bossu
Jean qui grogne et Jean qui rit
Le général Dourakine
Le mauvais génie
Les bons enfants
Les deux nigauds
Les malheurs de Sophie
Les nouveaux contes de fées
Les petites filles modèles
Les vacances
Mémoires d'un âne
Un bon petit diable

Sempé
Marcellin Caillou

Sempé/Goscinny
Joachim a des ennuis
Le petit Nicolas et les copains
Les récrés du petit Nicolas
Les vacances du petit Nicolas

Séverin, Jean
Le soleil d'Olympie

Solet, Bertrand
Les révoltés de Saint-Domingue

Stahl, Pierre-Jules
Les aventures de Tom Pouce

Steig, William
Dominic
L'île d'Abel

Steinbeck, John
Le poney rouge

Stevenson, Robert Louis
Le diable dans la bouteille
L'île au trésor

Stranger, Joyce
Le renard rouge et les tambours fantômes

Sue, Eugène
Kernok le pirate

Swift, Jonathan
Voyage de Gulliver à Lilliput

Thompson, Kay
Eloïse

Thurber, James
La dernière fleur

Tolstoï, Léon
Maître et serviteur

Tournier, Michel
L'aire du Muguet
Les rois mages
Sept contes
Vendredi ou la vie sauvage

Twain, Mark
La célèbre grenouille sauteuse *et autres contes*
Huckleberry Finn
Les aventures de Tom Sawyer

Vernes, Jules
Autour de la lune
Aventures de trois Russes et de trois Anglais dans l'Afrique Australe
Cinq semaines en ballon
De la terre à la lune
Le tour du monde en 80 jours
La journée d'un journaliste américain en 2889
suivi de **L'éternel Adam**
Les Indes noires
Les révoltés de la « Bounty »
Maître Zacharius *suivi de*
Un drame dans les airs
Michel Strogoff, *t. I*
Michel Strogoff, *t. II*
Une fantaisie du docteur Ox
Un hivernage dans les glaces
Voyages au centre de la terre

Viollet-le-Duc
Le siège de la Roche-Pont

Wells, H.G.
La guerre des mondes
La machine à explorer le temps

Wilde, Oscar
L'anniversaire de l'infante
suivi de **L'enfant de l'étoile**
Le prince heureux
Le géant égoïste *et autres contes*

Williams, Charles
Fantasia chez les ploucs

Wolgensinger, Jacques
L'épopée de la croisière jaune

Wou tcheng-En
Le roi des singes

Zimnik, Reiner
Les tambours

Folio Junior, c'est aussi cinq séries :
Poésie, Énigmes, Légendes, Science-Fiction et Bilingue.

Achevé d'imprimer
le 9 Décembre 1985
sur les presses de
l'Imprimerie Hérissey
à Évreux (Eure)

N° d'imprimeur : 38829
Dépôt légal : Décembre 1985
1er dépôt légal dans la même collection : Novembre 1985
ISBN 2-07-033322-1

Imprimé en France

37025